ORAR 15 DIAS COM SANTA CATARINA LABOURÉ

ÉLISABETH CHARPY

Orar 15 dias com
SANTA CATARINA LABOURÉ

A vidente da Medalha Milagrosa

EDITORA
SANTUÁRIO

DIRETOR EDITORIAL:
Marcelo C. Araújo

COPIDESQUE:
Ana Lúcia de Castro Leite

COORDENAÇÃO EDITORIAL:
Ana Lúcia de Castro Leite

REVISÃO:
Lessandra Muniz de Carvalho

TRADUÇÃO:
Irmã Carolina Mureb Santos, FC

DIAGRAMAÇÃO:
Simone Godoy

REVISÃO TÉCNICA:
Irmã Neil Pimentel, FC

CAPA:
Rafael Felix

Título original: Prier 15 jours avec Catherine Labouré
© Nouvelle Cité, Domaine d'Arny
91680 Bruyéres-le-Châtel

**DADOS INTERNACIONAIS DE CATALOGAÇÃO NA PUBLICAÇÃO (CIP)
(Câmara Brasileira do Livro, SP, Brasil)**

Charpy, Élisabeth
    Orar 15 dias com Santa Catarina Labouré: a vidente da medalha milagrosa / Elisabeth Charpy. – Aparecida, SP: Editora Santuário, 2012. (Coleção Orar 15 dias, 23)

Bibliografia.
ISBN 978-85-369-0262-3

1. Catarina Labouré, Santa, 1806-1876 2. Meditações 3. Orações 4. Vida espiritual I. Título. II. Série.

11-12311   CDD-242

Índices para catálogo sistemático:

1. Meditação e oração: Cristianismo 242

Todos os direitos em língua portuguesa
reservados à **EDITORA SANTUÁRIO** — 2012

Composição, impressão e acabamento:
EDITORA SANTUÁRIO - Rua Padre Claro Monteiro, 342
12570-000 — Aparecida-SP — Fone: (12) 3104-2000

UM OLHAR SOBRE
SANTA CATARINA LABOURÉ

Catarina Labouré nasceu em 2 de maio de 1806, em Fain-lès-Moutiers, uma pequena aldeia da Borgonha. Ela é a oitava dos 10 filhos da família. Depois dela, nasceram Tonine, em 1808, e Augusto, em 1809, que ficará doente depois de cair do alto de uma charrete.

O senhor Labouré é prefeito da aldeia e goza de muito boa reputação. Ele casou-se, em 1793, com Luísa Gontard, uma jovem professora. A fazenda de Fain-lès-Moutiers, que ele herdou de seus pais, tem um magnífico pombal bem visível, sinal de riqueza na região.

A morte prematura da senhora Labouré, aos 42 anos, é uma dura prova para toda a família. Aos nove anos, Catarina sente uma grande tristeza. Num gesto bem espontâneo, ela pega a imagem de Maria sobre a lareira e murmura: "Agora, você será minha mãe". Para aliviar o pai, as duas meninas, Catarina e Tonine, são acolhidas por uma tia, que reside na aldeia de Saint-Rémy, próxima à Fains-lès-Moutiers. Lá, elas permanecem por dois anos. Ao retornar à fazenda, Catarina começou a aprender com sua irmã mais velha, Maria Luísa, os vários trabalhos ali realizados: a preparação das refeições, o cuidado das vacas e a criação de pombos, importante fonte de renda.

O dia 25 de janeiro de 1818 é de alegria para Catarina: ela comunga pela primeira vez. A festa é celebrada na igreja paroquial de Moutiers--Saint-Jean, a alguns quilômetros de sua aldeia natal, pois desde a Revolução não há mais padre em Fain-lès-Moutiers.

Nesse mesmo ano, Maria Luísa, então com 23 anos, expõe ao pai o desejo de se tornar Filha da Caridade. Este se mostra reticente. Quem vai cuidar da fazenda? Catarina afirma com convicção: "Tonine e eu. Nós podemos muito bem fazer a casa funcionar". O senhor Labouré acaba por ceder; Maria Luísa pode seguir seu caminho.

As duas meninas assumem com prazer o pesado trabalho cotidiano causando admiração a todos. Antes de começar o trabalho, Catarina vai sempre a Moutiers-Saint-Jean para a missa matinal. Tonine não concorda com a irmã, que, além disso, jejua às sextas-feiras, e ameaça contar tudo ao pai: "Vá", responde Catarina secamente. O senhor Labouré faz algumas observações, mas não a proíbe.

Catarina se sente chamada, como sua irmã Maria Luísa, a se tornar Filha da Caridade. Uma noite, quando tinha cerca de 19 anos, um sonho estranho a marcou profundamente. Na igreja de Fain-lès-Moutiers, um velho padre desconhecido lhe faz um sinal. Impressionada com seu olhar, ela foge. Então, escuta estas palavras: "Fugistes de mim agora, mas um dia, ficareis feliz de vir até mim". De manhã, ainda emocionada, ela conta este sonho à sua irmã Tonine, depois retoma seu trabalho habitual.

Em 1828, Catarina pensa que já é hora de responder ao chamado que ouviu. Ela expõe sua vocação ao pai. Este, bem firmemente, se recusa a deixá-la partir. O senhor Labouré emprega todos os meios possíveis para tirar da cabeça de sua filha esse projeto. Procura um bom partido para casá-la, em vão, pois Catarina o recusa. Decide, então, enviá-la para a casa de seu irmão Carlos, em Paris; ela o ajudará a servir os muitos operários que vão a seu restaurante. Catarina sofre, mas sua decisão permanece firme. Dezoito meses mais tarde, ela pode deixar Paris e ir para a casa de outro irmão, em Châtillon-sur-Seine. Junto da cunhada, que tem um pensionato para moças, ela vai aprender a ler e a escrever. Finalmente, a cunhada e os dois irmãos de Catarina conseguem convencer o pai sobre a vocação da filha. Depois de muitas hesitações, o senhor Labouré resolve dar sua aprovação.

Catarina chega à rua du Bac, em Paris, no dia 21 de abril de 1830, e começa seu seminário, tempo de formação das Filhas da Caridade. Alguns dias depois de sua chegada, ela participa de uma grandiosa cerimônia em honra de São Vicente de Paulo. As relíquias desse grande santo, escondidas durante a revolução de 1789, foram colocadas numa magnífica urna de prata e conduzidas solenemente da catedral de Notre Dame à capela de São Lázaro, Casa Mãe dos Padres da Missão, na rua de Sèvres. Uma multidão imensa está presente.

Durante todo o tempo de seu seminário, nada distinguirá Catarina das outras Irmãs. Algumas testemunharam no processo de beatificação: "Ela passava despercebida". Entretanto, Catarina vai ser favorecida com aparições da Virgem Maria. Somente Padre Aladel, seu diretor espiritual, será seu confidente. Cético durante vários meses, ele será, pouco a pouco, convencido da veracidade das palavras dessa Irmã.

A primeira aparição acontece na noite de 18 de julho de 1830, véspera da festa de São Vicente naquela época. Catarina é acordada de repente por volta das onze horas da noite e conduzida à capela por seu anjo da guarda. Depois de um tempo de espera, Maria aparece e vem sentar-se numa poltrona. Com um salto, Catarina se aproxima dela, põe-se de joelhos nos degraus do altar com as mãos apoiadas nos joelhos da Virgem. O encontro durou cerca de duas horas.

A segunda aparição ocorre em 27 de novembro seguinte, véspera do primeiro domingo do Advento, na capela, durante o tempo de oração que reúne todas as Irmãs do seminário e as Irmãs que vivem na Casa Mãe. Dessa vez, Maria está de pé, tendo nas mãos o globo que oferece a seu Filho. Seus dedos estão ornados de pedrarias de onde saem raios luminosos. No alto do quadro, encontram-se escritas estas palavras: "Ó Maria concebida sem pecado, rogai por nós que recorremos a vós". E Catarina escuta: "Fazei cunhar uma medalha com este modelo. As pessoas que a usarem receberão grandes graças". Uma terceira aparição aconteceu em dezembro; Catarina simplesmente a menciona.

Com a aprovação de Dom Quelen, arcebispo de Paris, a medalha é cunhada em 1832, e se difunde rapidamente. Curas e conversões lhe são atribuídas, o que fez com que fosse chamada Medalha Milagrosa.

No fim de seu seminário, Catarina é enviada ao asilo de Enghien, localizado entre as atuais ruas Picpus e Reuilly. Esse estabelecimento era recente: havia sido fundado em 1818 pela duquesa de Bourbon em memória de seu filho, o duque de Enghien, fuzilado em 1804 por ordem de Napoleão. Era destinado à acolhida dos antigos servidores da família real. Durante quarenta e cinco anos, Catarina estará a serviço dos idosos. Nos primeiros anos, ela realiza com outras Irmãs o serviço da cozinha, depois da rouparia. Além disso, é responsável por cuidar da horta e do galinheiro. Por volta de 1856, o alojamento dos idosos lhe é confiado; ela se mostra atenciosa com cada um e cuida deles durante suas enfermidades. Está sempre perto deles nos últimos momentos de sua vida. Depois, quando as enfermidades surgirem, Catarina ficará responsável pela acolhida dos visitantes na portaria da casa.

Em 1870, durante a Comuna, a guerra civil se torna mais violenta em toda Paris. Uma tarde, os soldados vêm procurar Irmã Catarina e a levam à delegacia. As Irmãs, muito preocupadas, esperam o pior. Para seu grande alívio, elas a veem voltar duas horas mais tarde, acompanhada por alguns membros da Comuna que queriam julgar uma mulher. Eles sabem que Irmã Catarina sofreu muito por causa dela e desejam seu testemunho. Catarina, explicando tudo o que aconteceu, se recusa a acusar a mulher. Seu respeito pela pessoa é grande, qualquer que seja seu comportamento.

Numa outra tarde, os membros da Comuna invadem a casa de Reuilly, transformada em ambulatório. Eles estão convencidos de que as Irmãs escondem dois partidários da monarquia e, aos gritos, os reclamam. Vasculham a casa e não encontram nada. Gritos, discussões rudes manifestam seu descontentamento. A coragem e o sangue frio de Irmã Catarina permitem restabelecer, aos poucos, a calma. Quando os membros da Comuna partiram, as Irmãs se apressaram a fazer partir os dois homens que estavam bem escondidos!

Em 1876, Catarina está preocupada, pois um dos pedidos da Virgem Maria ainda não havia sido realizado. Ela não gostaria de morrer antes de ter cumprido totalmente o que lhe fora pedido, mas o Padre Aladel havia morrido! Catarina, que nunca quis ser reconhecida como a vidente da Medalha Milagrosa, decide falar com sua superiora, Irmã Joana Dufès. Durante as aparições, a Virgem havia pedido uma imagem que a representasse oferecendo um globo terrestre a seu Filho Jesus. Irmã Dufès agirá rapidamente, e Irmã Catarina terá a alegria de ver essa imagem antes de sua morte.

Irmã Catarina prepara-se muito tranquilamente para a grande passagem. Sua calma surpreende. Ela manifesta a alegria de reencontrar seu senhor e a Virgem Maria. Morre em 31 de dezembro de 1876 e imediatamente propaga-se a notícia da qual se desconfiava: Irmã Catarina é a vidente da Medalha Milagrosa. Seu enterro reúne uma multidão imensa vinda para prestar homenagem à "santa do silêncio". Enterrada numa cova no subsolo da capela da casa de Reuilly, onde ainda se pode ver o túmulo, numerosas multidões virão nos dias seguintes prestar homenagem àquela que viu Maria e pela qual a Medalha Milagrosa foi transmitida ao mundo. Aos poucos, serão organizadas peregrinações antes mesmo da beatificação.

Em 1933, no momento da beatificação de Irmã Catarina, seu corpo foi transportado para a capela das Aparições e repousa, atualmente, sob o altar dedicado à Virgem do Globo.

Em julho de 1947, o Papa Pio XII canonizou Irmã Catarina Labouré e a apresentou ao mundo como modelo de vida cristã.

APRESENTAÇÃO

Em 27 de julho de 1947, o Papa Pio XII canonizou Catarina Labouré. Glorificando aquela que recebeu de Maria a mensagem da Medalha Milagrosa, ele celebra também a humilde Filha da Caridade que soube aliar tão simplesmente o amor a Deus e o amor aos pobres.

Catarina deixou poucos escritos. Seus textos são, algumas vezes, difíceis de serem lidos, pois ela não domina bem a escrita. Em virtude dos pedidos feitos várias vezes por seu diretor espiritual, Padre Aladel, e, em 1876, por sua superiora, Irmã Joana Dufès, ela redige o relato das aparições da Virgem Maria. Todo ano, como todas as Filhas da Caridade, ela participa de um retiro espiritual animado por um Padre da Missão. Algumas notas breves, sob a forma de resoluções de retiro, acompanhadas de curtas invocações a Maria, foram encontradas, depois de sua morte, e conservadas preciosamente.

Durante sua vida, nada foi escrito sobre ela. As publicações feitas na época se referem somente à Medalha Milagrosa. Tudo que se conhece de Catarina provém dos testemunhos recolhidos depois de sua morte, especialmente por ocasião do processo diocesano em vista de sua beatificação.

Como para muitos jovens, não será fácil para Catarina responder a sua vocação (*primeiro dia*). Durante seu seminário, ela foi favorecida com aparições da Virgem Maria que lhe confiou uma missão (*segundo dia*), tornar a Medalha Milagrosa conhecida (*terceiro dia*). Catarina nunca desejou que seu nome fosse revelado e mantém silêncio sobre as aparições (*quarto dia*).

Rezar com Catarina é unir-se a ela na simplicidade de sua vida: seu cotidiano comporta tarefas muito humildes, impregnadas de virtudes comuns (*quinto dia*). Como a Virgem Maria lhe recomendou na noite de 18 de julho, ela busca força e coragem em sua relação com Jesus Eucarístico (*sexto dia*). Sua oração, assim como sua vida, é cheia de simplicidade (*sétimo dia*). Seu amor, sua confiança na Virgem Maria serão para ela fonte de luz e de alegria (*oitavo dia*).

A vida de Catarina, aparentemente bem simples, passou por verdadeiros combates interiores. O desejo de não causar sofrimento às Irmãs com as quais vivia e aos idosos dos quais cuidava, leva-a a dominar a vivacidade de seu temperamento e a adquirir uma verdadeira liberdade interior (*nono dia*). Ela saberá ter para com todos uma atitude de respeito (*décimo dia*). Diante de numerosos obstáculos, dará prova de persistência ao conseguir a imagem da Virgem do Globo pedida por Maria durante as aparições (*décimo primeiro dia*).

Pouco a pouco, Catarina é reconhecida por suas Irmãs como uma pessoa sábia a qual vinham consultar espontaneamente (*décimo segundo dia*). Ela mostra a cada uma os caminhos da caridade (*décimo terceiro dia*) e da humildade (*décimo quarto dia*), virtudes tão frequentemente recomendadas por São Vicente de Paulo às primeiras Irmãs. Irmã Catarina Labouré revela à Igreja e ao mundo um novo caminho de santidade sem nenhum prestígio humano (*décimo quinto dia*), caminho que muitos outros seguirão, como Bernadete Soubirous, em Lourdes, e Teresa Martin, no carmelo de Lisieux.

ABREVIATURAS

AC   Autógrafos de Catarina Labouré, arquivos da casa das Filhas da Caridade, rua du Bac, 140, Paris.

CLM1   René Laurentin et Philippe Roche, *Catarina e a Medalha Milagrosa*, Lethielleux 1976.

CLM2   René Laurentin, *Catariana Labouré e a Medalha Milagrosa*, t. 2 – *Processo de Catarina*, Lethielleux 1979.

CR   Edmond Crapez, *A Venerável Catarina Labouré (1806-1876)*, Gabalda, 1917.

LG   Vaticano II, Constituição sobre a Igreja *Lumen Gentium*, 1954.

LM   Luisa de Marillac, *Escritos Espirituais*, Companhia das Filhas da Caridade, 1983.

SV   Pierre Coste, *São Vicente de Paulo, correspondências, conferências, documentos*, 14 volumes, Lecoffre, Gabalda 1920-1925.

Primeiro dia

CAMINHO DE DISCERNIMENTO

Meu Deus, eu me ofereço a vós. Desejo ser toda vossa, ó meu Deus, fazei de mim tudo o que vos aprouver. Ó Maria, dai-me vosso amor, sem vós eu pereço, salvai-me. Alcançai-me todas as graças que me são necessárias (AC 448).

Catarina ouviu o chamado de Deus para tornar-se Filha da Caridade. Respondê-lo não foi algo fácil para ela. Foi preciso ter paciência e aprender a discernir o que devia fazer.

Em 25 de janeiro de 1818, aos doze anos, ela tem a grande alegria de fazer sua primeira comunhão na igreja de Moutiers-Saint-Jean. Toda a família estava lá, exceto a senhora Labouré, falecida três anos antes. Nesse dia, Catarina percebe em seu interior um chamado de Jesus para ser toda dele.

Alguns meses mais tarde, Maria Luísa comunica a seus irmãos e irmãs que vai deixar a fazenda para se tornar Filha da Caridade. Em 22 de junho de 1818, ela começa, em Langres, seu postulado, primeira etapa da formação das Irmãs. Essa partida questiona Catarina: como se pode ter certeza de que Deus realmente chama? Enquanto trabalhava na fazenda, Catarina refletia. Maria Luísa deixou a família, onde a vida era calorosa; não participa mais das festas da aldeia, renunciou ao casamento para cuidar dos mais infelizes. Teria ela coragem de segui-la nesse caminho?

Uma noite, Catarina tem um sonho que a impressiona muito e permanecerá sempre em sua lembrança. Ela está rezando na igreja de Fain-lès-Moutiers. Um velho padre vem rezar a missa. No momento de partir, o celebrante a olha e faz sinal para que se aproxime. Amedrontada, ela recua e foge, fascinada pelo olhar penetrante e cheio de bondade desse padre. Em seguida, ela vai visitar uma pessoa doente. Na saída da casa, revê o padre que lhe diz: "Minha filha, fugistes agora, mas um dia ficareis feliz de vir até mim. Deus tem planos para vós". Catarina acorda: era somente um sonho!

O senhor Labouré aprecia muito o trabalho de Catarina na fazenda. Admira sua competência, seu espírito de decisão, sua gentileza com todos. Ele gostaria muito que ela se casasse e permanecesse na fazenda. Seu belo rosto, seus olhos de um azul luminoso atraem o olhar dos moradores de Fain-lès-Moutiers e dos arredores. Ele se dá conta de que sua filha, cheia de vida, não passa despercebida por alguns rapazes e manda fazer para ela um lindo vestido de seda violeta que destaca seu belo porte.

A esperança do senhor Labouré frustra-se rapidamente. Catarina recusa todos os pretendentes que lhe são propostos. O pai, primeiro surpreso, depois descontente, pede explicações. Catarina revela seu desejo de seguir Maria Luísa e se tornar Filha da Caridade. A reação é imediata. O senhor Labouré encolerizou-se tão fortemente que Catarina ficará abalada. "Eu já dei uma filha para Deus, você não partirá." Mas o pai conhece a filha, cujo temperamento firme e forte é igual ao dele; ela não aceitará nunca a ideia de casamento, não cederá.

Então, ele planeja fazê-la mudar de opinião. Decide enviá-la à casa de seu irmão Carlos, em Paris, que abriu um restaurante para operários. Isso a fará mudar de ideia e ajudará Carlos, que acabou de enviuvar. Catarina deve deixar a fazenda, sua família, sua aldeia onde vivia feliz. Ela sofre muito, mas compreende que não poderá responder ao chamado de Deus senão aceitando essa mudança. Durante longos meses, sua habilidade de cozinheira e dona de casa atrai numerosos olhares para ela. Carlos, por sua vez, esforça-se para fazê-la aceitar um marido, mas Catarina permanece inflexível. Ele acaba compadecendo-se do sofrimento de sua jovem irmã. Assim, ao casar novamente, em 1829, ele intervém junto ao pai, que não quer ouvir nada e não permite que ela retorne à fazenda. Carlos entra em contato com seu irmão Henri, cuja esposa tem um pensionato em Châtillon-sur-Seine e se dispõe a acolher Catarina. Esta se aconselha com sua irmã Maria Luísa, que conhece seu desejo. A resposta a conforta: "Eu desejo muito que você passe lá algum tempo, como nossa querida cunhada lhe propôs, a fim de estudar um pouco, o que é muito necessário em qualquer situação que estejamos. Você aprenderá a falar francês um pouco melhor do que se fala em nossa aldeia e se dedicará à escrita, ao cálculo e, sobretudo, à piedade, ao fervor e ao amor aos pobres" (CR 25).

Catarina, na verdade, é analfabeta. A senhora Labouré, antiga professora, havia instruído os filhos mais velhos, mas os últimos não puderam aproveitar de seus ensinamentos, pois ela estava cada vez mais cansada devido aos pesados trabalhos da fazenda e às preocupações com seus muitos filhos. Catarina, preocupada em responder ao chamado que escutou há muitos anos, aceita os conselhos de sua irmã. Logo vai sentir-se pouco à vontade em meio às senhoritas da cidade. Sua ignorância e seus hábitos de camponesa fizeram-na alvo de zombarias. Seu orgulho se rebela, e, muitas vezes, ela deve aprender a dominar suas reações.

Ouvindo que existe na cidade de Châtillon-sur-Seine uma casa das Filhas da Caridade, Catarina aproveita para visitá-la em seu tempo livre. Qual não é sua surpresa quando, em sua primeira visita, encontra num quadro pendurado na parede do parlatório os mesmos olhos que a fascinaram em seu sonho. "Quem é este padre?", ela pergunta. "É São Vicente de Paulo, nosso fundador", responde a Irmã que a recebeu. Esse encontro é, para Catarina, como uma confirmação de sua vocação.

Compreendendo o sofrimento da irmã e conscientes de sua vontade de se tornar Filha da Caridade, Hubert e a esposa se tornam seus advogados junto ao pai inflexível. Este acaba por se deixar convencer e se resigna a separar-se de sua filha, mas, para marcar sua autoridade, recusa-se a dar o dinheiro da viagem e para as primeiras necessidades. Os dois irmãos de Catarina vão prover essas necessidades. Em 22 de janeiro de 1830, ela começa seu postulado na comunidade das Filhas da Caridade de Châtillon-sur-Seine: três meses de discernimento das duas partes. Em 21 de abril de 1830, ela chega ao seminário na Casa Mãe, rua du Bac, em Paris.

O caminho percorrido por Catarina foi longo e difícil. Para responder a sua vocação, teve de enfrentar a oposição do pai que ela amava. Como discernir a escolha a fazer: obedecer a um pai tão amado ou responder a um chamado de Deus, sabendo o sofrimento que isso vai causar-lhe? Somente um longo tempo de oração, como Catarina tinha por hábito, permitiu e sustentou sua decisão.

Diante de alguns pretendentes apresentados pelo pai, Catarina não ficou indiferente. Ela conhecia a felicidade de seus irmãos mais velhos casados. Por que não imitá-los nesse caminho? Ela terá de confirmar sua opção pelo celibato no momento do casamento, em 1838, de sua irmã caçula Tonine e do nascimento de Maria Antonia, primeira filha de Tonine.

As provas impostas pelo senhor Labouré para mudar a opinião da filha foram difíceis. As piadas e atitudes provocantes dos frequentadores do restaurante de Paris importunaram Catarina. As zombarias das moças do pensionato lhe fizeram mal. Ela se sentia atingida em sua dignidade de mulher e de camponesa.

Diante de cada acontecimento, Catarina deve dominar-se para confirmar sua entrega total a Deus. O combate é, algumas vezes, penoso! A constante oração de Catarina é um pedido de socorro:

> Meu Deus, eu me ofereço a vós. Desejo ser toda vossa, ó meu Deus, fazei de mim tudo o que vos aprouver (AC 448).

Segundo dia

CAMINHO DE MISSÃO

Minha filha, o bom Deus quer encarregar-vos de uma missão. Tereis muitos sofrimentos, mas ireis superá-los pensando que o fazeis para a glória de Deus. Discernireis o que vem de Deus, sereis atormentada por causa disso, até que o tenhais dito àquele que é encarregado de vos orientar. Sereis contestada, mas tereis a graça. Não temais. Vereis algumas coisas, relatai-as. Sereis inspirada em vossas orações (AC 637).

Na noite de 18 de julho de 1830, às vinte e duas horas, Irmã Catarina acorda subitamente. Ela se assusta profundamente: um menino resplandecente de luz está perto de sua cama. Ele a convida a se levantar e a segui-lo até a capela. Vencendo seus temores – as Irmãs que dormem no grande dormitório não irão acordar? – Catarina obedece.

Chegando à capela, fica surpresa ao vê-la iluminada – "o que me lembrava a missa de meia-noite". E, de repente, o menino lhe diz: "Eis a Santíssima Virgem". Em 1856, Catarina descreverá esse primeiro encontro com detalhes.

A alegria e a emoção sentidas estão ainda bem presentes, Catarina não pode silenciá-las:

> Nesse momento, seria impossível dizer como me senti, o que se passava dentro de mim... Então, olhando para a Santíssima Virgem, eu apenas dei um salto para junto dela, pus-me de joelhos nos degraus do altar, com as mãos apoiadas sobre os joelhos da Santíssima Virgem. Foi o momento mais doce de minha vida. Seria impossível dizer tudo o que senti (AC 564).

Começa um longo diálogo que durará cerca de duas horas. Muito emocionada, Catarina escuta com atenção os conselhos que lhe são dados. Ela nunca contará seu conteúdo, pois eles são somente para ela. Depois, Maria lhe anuncia: "O bom Deus quer encarregar-vos de uma missão". Catarina, muito espantada, compreende que Deus precisa dela. Nenhuma obrigação lhe é imposta, uma total liberdade lhe é dada. No momento da Anunciação, Maria percebeu este mistério: Deus se submete às respostas daqueles que ele interpela; ele respeita infinitamente a liberdade de cada um. Sua paciência com cada um é incansável, seu respeito é admirável. Ele dá um tempo para a reflexão, para o questionamento. Antes de dar sua resposta, Maria interrogou o anjo: "Como se fará isto?"

Catarina, certamente, também fez algumas perguntas, pois foram dados alguns detalhes. Ela foi advertida que encontraria dificuldades. "Tereis muitos sofrimentos... Sereis atormentada, contestada." Como Jesus aos apóstolos apavorados durante a tempestade no lago, Maria se esforça para confortar aquela que a escuta com certa preocupação: "Não temais, não tenhais medo". Confiar em Deus não é sempre uma atitude fácil. Catarina aprenderá, rapidamente, que essa missão vai levá-la a uma verdadeira luta interior. Maria insiste: "Tereis a graça. Sereis inspirada em vossas orações". Ao longo de sua vida, Catarina, durante sua oração, pedirá as luzes de Deus e da Virgem Maria para discernir o que deve fazer.

Catarina não estará sozinha para realizar sua missão. Deverá confiar em seu diretor espiritual, que encontra regularmente durante seu seminário. "Relatai àquele que é encarregado de vos conduzir". Pe. Aladel, padre da Missão, será o único confidente de Catarina. Ele acolherá com muita prudência as declarações dessa jovem Irmã que acaba de chegar ao seminário. Ele a aconselhará a desconfiar de sua imaginação. Catarina percebe que Pe. Aladel não acredita nela. Como poderá transmitir-lhe o que deve dizer-lhe? Mais tarde, com o passar dos anos, Irmã Catarina compreenderá que esse padre é realmente o intermediário indispensável para realizar plenamente a missão que lhe vai ser confiada.

Nessa noite de 18 de julho, a missão não foi explicitada. Entretanto, a Virgem Maria ensina a Catarina como deverá acolhê-la: "para a glória de Deus". Trabalhar para a glória de Deus consiste, especialmente, em fazê-lo conhecido, em desenvolver a fé tanto nos cristãos quanto naqueles que não conhecem Jesus Cristo. Maria desenvolve esta dimensão falando para Catarina da situação da França e do mundo: "Os tempos são maus... O mundo inteiro será acometido por infortúnios de todo tipo". Catarina impressiona-se com a tristeza de Maria enquanto anunciava essas catástrofes.

> Aqui, a Santíssima Virgem não podia mais falar, a aflição refletia-se em seu rosto (AC 637).

Despertar a fé no mundo, tornar o amor de Deus conhecido pela humanidade, é isto que está em jogo nessa missão ainda desconhecida para Catarina e que lhe vai ser confiada. Os Padres da Igreja sempre expressaram a ligação entre a glória de Deus e a vida dos homens; Santo Irineu a resume em algumas palavras: "A glória de Deus é o homem vivo".

"Não sei quanto tempo fiquei ali", explica Catarina no fim de seu relato. Depois alguma coisa se apagou.

> Então, o menino me disse: "Ela partiu"... Retomamos o mesmo caminho, sempre iluminado... De volta a minha cama, eu ouvi o toque de duas horas e não consegui mais dormir (AC 564).

Durante muitas semanas, Catarina vai lembrar-se dessa noite extraordinária e refletir sobre o que Maria lhe disse. Qual será a missão que lhe vai ser dada? Ela saberá responder ao que lhe será pedido? No silêncio de sua oração, ela reza muito e confia a Deus e a Maria sua preocupação e, ao mesmo tempo, sua total confiança. Exteriormente, nada transparece. Como dirá mais tarde uma das Irmãs que fazia o seminário com ela, "ela passava despercebida".

Terceiro dia

CAMINHO DE FÉ

Em 27 de novembro de 1830, no grande silêncio, (...) eu percebi a Santíssima Virgem na altura do quadro de São José. Ela estava em pé, vestida de branco... os pés apoiados sobre um globo... Vi em seus dedos anéis ornados de pedras, uma mais bela que a outra. (...) Formou-se um quadro ao redor da Santíssima Virgem no qual se liam estas palavras: "Ó Maria concebida sem pecado, rogai por nós que recorremos a vós", escritas em letras de ouro. Então fez-se ouvir uma voz que me disse: "Fazei cunhar uma medalha conforme este modelo. Todas as pessoas que a usarem no pescoço receberão grandes graças. As graças serão abundantes para as pessoas que a usarem com confiança". No mesmo instante, o quadro pareceu virar e vi o reverso da medalha (AC 456).

Depois de quatro meses de espera, no dia 27 de novembro, durante a oração da tarde na capela da Casa Mãe, na rua du Bac, Maria aparece de novo para Irmã Catarina Labouré. Ela indica com clareza sua missão, missão surpreendente para uma jovem Irmã do seminário. Catarina é encarregada de fazer cunhar uma medalha de acordo com o modelo que lhe foi apresentado.

No anverso, Maria está de pé; os pés repousam sobre a metade de um globo, seus dedos têm anéis de onde saem raios luminosos. A oração "Ó Maria concebida sem pecado, rogai por nós que recorremos a vós" está inscrita em letras de ouro. No reverso, o monograma de Maria está encimado pela cruz e embaixo estão representados o coração de Jesus, coroado de espinhos, e o de Maria, transpassado por uma espada.

Diante do relato dessa nova aparição da Virgem, o Pe. Aladel se mostra inflexível: "Se quereis honrar Nossa Senhora, imitai suas virtudes e tende cuidado com a imaginação". Ele impõe silêncio a Catarina, que fica transtornada. A quem ela deve obedecer? A Maria, que lhe confiou uma missão e recomendou falar sobre ela apenas com seu diretor espiritual? Ao Pe. Aladel que se recusa escutá-la? É um verdadeiro dilema para Catarina: como ser fiel à missão recebida? Ela não tem nenhuma dúvida sobre a veracidade de suas visões, mas acaba por se interrogar diante da insistência de seu diretor. E se estivesse enganada, deixando-se levar pela imaginação? Como uma boa camponesa, que tem os pés no chão, ela opta por aquilo de que tem certeza: escutar o Pe. Aladel e obedecer-lhe.

Depois de algumas semanas de silêncio, Catarina percebe durante suas orações a voz de Maria, que a incita a se encontrar de novo com seu diretor. Ela retruca: "Mas ele não quer mais me ouvir". A Virgem Maria a tranquiliza. Catarina, vencendo suas apreensões, transmite ao diretor o que Maria falou: "A Virgem está aborrecida". O Pe. Aladel não deixa transparecer, mas fica profundamente inquieto, pois só ele está a par dessas aparições. A observação da Virgem diz respeito a ele pessoalmente. Então, expõe suas interrogações a seu superior-geral, que lhe propõe falar com o bispo de Paris, com quem vai encontrar-se. Ouvindo o relato da aparição, Dom Quelen fica surpreso: a Imaculada Conceição de Maria é afirmada claramente na medalha enquanto o dogma ainda não foi definido pela Igreja. Ele não vê nenhum inconveniente na difusão desta medalha: "Ela está totalmente de acordo com a fé e a piedade. Só pode ajudar a honrar a Deus". E acrescenta: "Que a medalha seja difundida e julgaremos a árvore pelos frutos".

Em março de 1832, começam os trabalhos para a fabricação da medalha. Pe. Aladel interroga Catarina sobre o reverso da medalha.

> Preocupada em saber o que deveria ser colocado no reverso da medalha, depois de muitas orações, um dia na meditação, pareceu-me ouvir uma voz que me dizia: o "M" e os dois corações dizem bastante (AC 456).

No mês seguinte, foram entregues quinhentas medalhas. Uma notícia redigida por Pe. Aladel explica a origem e os símbolos nela representados. O nome da vidente não é mencionado.

As Filhas da Caridade, entusiasmadas por saber que a Virgem Maria apareceu em sua capela, ficam felizes ao receber as primeiras medalhas. Pe. Aladel se apressa a vir, ele mesmo, dar essas medalhas às Irmãs do asilo de Enghien e fica surpreso e confuso com a calma de Irmã Catarina. Como as outras Irmãs, ela está muito feliz de receber a medalha querida pela Santíssima Virgem, mas nada em sua atitude permite perceber seu segredo. Ela olhou como as outras Irmãs o anverso e o reverso da medalha e acrescentou, em meio ao burburinho de alegria, estas palavras:

Agora, é preciso propagá-la (CLM1 237).

Em 1832, uma epidemia de cólera se propaga em Paris fazendo muitas vítimas. As Irmãs distribuem as medalhas aos doentes, aos moribundos e às famílias desamparadas. Curas e conversões se multiplicam. A árvore deu muitos frutos, como Dom Quelen havia predito. O povo, emocionado com tantas maravilhas, dá a essa medalha o nome de "Medalha Milagrosa".

No asilo de Enghien, Catarina, como as outras Irmãs, se torna divulgadora da medalha. Para além do miraculoso, do sensacional, ela gostaria que cada um pudesse descobrir que a medalha é um resumo de toda a fé cristã, uma catequese apresentada claramente como aquela esculpida nos pórticos das catedrais.

Catarina oferece a medalha aos idosos que se aproximam da morte. Ela não faz grandes discursos, mas convida-os a rezar com ela a invocação "Ó Maria concebida sem pecado, rogai por nós que recorremos a vós". Catarina sabe bem que Maria abrirá seus corações ao Deus que não conheceram na infância.

Ela reconhece as pessoas que podem compreender os diferentes símbolos representados na medalha. Servindo-se da nota escrita por Pe. Aladel, da qual ela conserva um exemplar, ela os comenta. No anverso, Maria esmaga a serpente sob seu pé; não é uma lembrança da Palavra de Deus que diz à serpente tentadora depois do pecado do homem: "Porei inimizade entre ti e a mulher ... Esta te esmagará a cabeça"? As doze estrelas evocam a mulher do Apocalipse. "Apareceu no céu um grande sinal: uma mulher vestida com o sol, tendo a lua debaixo dos pés e, sobre a cabeça, uma coroa de doze estrelas." Maria, mãe do Filho de Deus, é glorificada. Não se deve hesitar em louvá-la por sua disponibilidade e humildade.

No reverso da medalha, o coração de Maria transpassado por uma espada lembra a profecia do velho Simeão. Catarina explica que seguir a Cristo supõe momentos de sombras, de obscuridade. As doze estrelas evocam os doze apóstolos que testemunharam, por meio de sua vida e, muitas vezes, por sua morte, a ressurreição de Jesus Cristo. A seu exemplo, os cristãos são chamados a serem também testemunhas por meio de sua vida de fé cristã.

Catarina convida todos aqueles aos quais entrega a medalha a dizer e repetir lentamente a oração "Ó Maria concebida sem pecado, rogai por nós que recorremos a vós". Seu olhar torna-se, então, luminoso como se contemplasse de novo a beleza da mãe de Deus.

Catarina, que encontrou dificuldades para obter a aprovação de seu diretor para cunhar a medalha, está feliz com sua grande difusão. Para ela, usar a medalha é um sinal de adesão aos diferentes mistérios da fé cristã. É também um sinal do desejo de fidelidade a Jesus Cristo, o redentor dos homens. Maria, a humilde mulher de Nazaré, acolhe as muitas orações que lhe são dirigidas, mas ela orienta cada um em direção a seu Filho, a segunda pessoa da Santíssima Trindade, que veio ao mundo proclamar o amor de Deus por todos.

Quarto dia

CAMINHO DE SILÊNCIO

> Há algo de heroico em manter silêncio, como fez Irmã Catarina até o fim de sua vida, sobre os favores sobrenaturais com os quais foi agraciada, apesar das muitas ocasiões que teve para falar sobre eles e das ciladas que lhe armaram (CLM2320).

Durante os quarenta e seis anos vividos no asilo de Enghien, Irmã Catarina percorreu um grande caminho de silêncio. Irmã Maria Ana, que viveu treze anos com ela, menciona com grande admiração:

> Há algo de heroico em manter silêncio, como fez Irmã Catarina até o fim de sua vida (CLM 2320).

Pe. Aladel repetia frequentemente que a vidente da medalha havia exigido dele não ser identificada. Dom Quelen gostaria de encontrar aquela que recebera a missão de fazer cunhar a medalha, mas Catarina, com firmeza, declinou do convite. Parece que a Virgem Maria a havia apoiado em sua recusa, pois no momento em que o bispo desejou vê-la, ela não se lembrava de mais nada.

A partir de 1832, Catarina constata que a medalha se espalha não somente na França, mas também em vários outros países da Europa, da América Latina e mesmo na China. Ela ouve o relato de muitos prodígios. Está a par do livreto *Apresentação da Medalha Milagrosa*, escrito por Pe. Aladel, que fala dela sem nomeá-la.

"Ao silenciar sobre o segredo das revelações com as quais havia sido agraciada durante o seu seminário, Catarina deu uma grande prova da força de sua personalidade" (CLM 2236), testemunha Irmã Angélica, que viveu treze anos com Catarina. O nome de "santa do silêncio" será atribuído a Catarina Labouré pelo Papa Pio XII no momento de sua canonização, em 1947.

Catarina percebe o desejo das Filhas da Caridade e de todos que recebem a medalha de poder dar um nome à vidente. Sabe que assim que seu nome for conhecido, a multidão vai correr para vê-la e felicitá-la. É o que acontecerá a Bernadete, a vidente de Lourdes. As resoluções que toma durante seus retiros podem explicar as razões desse silêncio surpreendente:

> Fugir das honras deste mundo e amar ser esquecida, desprezada. Jesus nunca procurou contentar a si mesmo (AC 415).

Catarina deseja apagar-se, e que somente Maria receba louvores e gratidão pela medalha oferecida ao mundo. Ela não pode e não quer aceitar as honras devidas à Virgem. Manter tal atitude durante toda a vida exige um verdadeiro combate contra si mesma. Precisará aprender a fugir das honras, a ser não somente esquecida, mas ignorada. Ela contemplou longamente a humildade de Jesus, o Filho de Deus, e sabe que pode apoiar-se na atitude da Virgem Maria, que nunca colocou em primeiro lugar sua dignidade de Mãe de Deus.

A partir de 1855, o nome da vidente começa a circular. O livreto sobre a Medalha Milagrosa afirma que as aparições aconteceram para uma Irmã do Seminário em 1830. Catarina, então, deve desconfiar das ciladas que lhe são armadas. Algumas Irmãs se esforçam para fazê-la falar, mas não conseguirão nada, pois Catarina sabe evitá-las. Uma vez, entretanto, ela não conseguiu conter sua reação. Uma Irmã afirma convictamente que a aparição da Virgem era pura imaginação. Catarina, com as bochechas avermelhadas, levanta a cabeça e responde firmemente: "Minha querida, aquela que viu a Virgem a viu em carne e osso como você e eu". Depois, baixou os olhos e retomou calmamente seu trabalho, seu rosto voltou à palidez habitual. As Irmãs ficaram um pouco surpresas com essa reação, mas não deram muita atenção.

Em 1875, o segredo de Catarina não é mais um segredo, mas ela recusa qualquer sinal de distinção. Um dia, Irmã Madalena recebe seus pais e os previne de que a Irmã da portaria é a que viu a Santíssima Virgem. Imediatamente, o pai dá meia volta e vai cumprimentar Irmã Catarina, que, estupefata, parece não compreender. À noite, com bondade, mas firmeza, ela adverte a jovem Irmã de que não é preciso falar a torto e a direito.

Num outro dia, Irmã Joana Dufès, superiora da casa, não ousa dizer não a um casal estrangeiro que pede para ver a vidente da medalha. Sem prevenir Irmã Catarina, ela o conduz ao refeitório onde a vidente serve o jantar. A porta apenas se abre e Catarina desaparece para grande surpresa da superiora. Quem a preveniu? Ninguém a não ser a própria Virgem Maria. À noite, Irmã Catarina vai falar com sua superiora e lhe pede para não lhe enviar mais essas visitas.

Em 1876, Catarina é levada a romper o silêncio. O pedido de Maria referente à imagem da Virgem do Globo nunca foi realizado. Sentindo o peso dos anos, Catarina não quer morrer sem ter atendido a esse pedido de Maria. Depois de ter rezado, ela relata a sua superiora, Irmã Jeanne Dufès, as aparições de 1830, e lhe pede para mandar fazer a imagem, o que será feito rapidamente (cf. décimo primeiro dia).

O comportamento de Catarina pode surpreender, mas nos leva a meditar sobre o valor do silêncio. O silêncio de Catarina nunca foi um fechamento em si mesma, rejeição do outro nem recusa a se comunicar. Ela se mostrou atenta, especialmente às Irmãs recém-chegadas a sua casa que lhe pediam conselhos e aos pobres que reclamavam seus cuidados. Ela sabia encorajar as Irmãs que passavam por dificuldades e se fazer próxima dos idosos do asilo nos últimos momentos de vida.

Catarina aceita esvaziar-se de si mesma. Esforça-se para não se deixar invadir pela agitação suscitada pelas maravilhas realizadas pela Medalha Milagrosa. Seu silêncio é sinal de sua riqueza interior. O esquecimento de si mesma a torna disponível à escuta de Deus e dos outros. Ao tornar-se senhora de sua palavra, de suas reações, Catarina irradia serenidade. Sua oração a Maria revela, entretanto, o combate que empreendia diariamente:

> Ó rainha que estás sentada junto de Deus, escutai favoravelmente as minhas orações. É por vós e para vossa maior glória que vos peço que me ilumine e me dê força e coragem de agir para vossa maior glória.

Quinto dia

CAMINHO DE SIMPLICIDADE

Após seu Seminário, Irmã Catarina foi enviada para nossa casa de Enghien, em Paris. Primeiro, ela foi colocada na cozinha, depois na rouparia, em seguida com os idosos e na portaria. Ela era responsável também pelo galinheiro (CLM 2.268).

Quando eu cheguei à casa de Enghien, em 1856, Irmã Catarina era encarregada do estábulo, dos pombos e da rouparia. Somente em 1861, ela foi encarregada dos idosos e da portaria. Posso dizer, por ter sido testemunha (durante dezoito anos), que ela sempre realizou esses diversos ofícios com muita dedicação, caridade e humildade (CLM 2.306).

Depois de seu tempo de formação na rua du Bac, Irmã Catarina é enviada ao asilo de Enghien para ajudar as cinco Irmãs encarregadas do cuidado de aproximadamente quarenta idosos. Colocada na cozinha, vai ajudar Irmã Vicência, que prepara em torno de cinquenta refeições por dia. O trabalho de descascar os legumes, a confecção de pratos variados e apetitosos não amedronta Catarina. Ela já fazia isso todos os dias em Fain-lès-Moutiers e fica feliz de colocar seus talentos a serviço dos idosos do asilo.

Rapidamente, Irmã Catarina percebe que Irmã Vicência é tão econômica que a porção destinada a cada um é insuficiente. Catarina, que não suporta essas restrições, tenta falar com Irmã Vicência, e esta, com um tom severo, explica que não pode fazer de outra maneira, pois o asilo não é rico. Catarina expõe seu mal-estar a sua superiora e deseja deixar a cozinha. Esta a convida a não julgar tão rápido e pede-lhe para continuar seu trabalho. Catarina obedece, mas reflete. Ela gostaria muito de encontrar uma solução para melhorar a alimentação dos internos.

Então, o trabalho do jardim lhe é confiado. Irmã Catarina reencontra a natureza que tanto ama. Ela não teme a sobrecarga de esforço que exige o cuidado de uma horta e de um pomar, pois esse trabalho será para o bem de todos. Procura ter legumes e frutas para completar a refeição ordinária. Vê com alegria a chegada das primeiras frutas que reserva para os idosos. Sua voz se torna severa quando percebe meninos do bairro que pulam a cerca. Uma Irmã que a ajudava a colher os frutos gostaria de comer um. A resposta é rápida: "Minha querida Irmã, estas frutas são para nossos idosos, se sobrar alguma, será sua". Claro que não sobrou. Catarina coloca em prática a palavra de São Vicente: "Os pobres são nossos mestres". É normal dar-lhes o melhor.

Há um galinheiro no fundo do jardim. Com alegria, Irmã Catarina recolhe ovos frescos para os doentes. Desejando muito ter leite fresco à disposição, vem-lhe a ideia de ter um estábulo perto da cocheira dos cavalos. Depois de várias conversas com a superiora, ela pôde então realizar seu desejo em 1848: uma primeira vaca chega. Outras a seguirão. A surpresa é grande quando, mais tarde, as Irmãs ouvem dizer que a Irmã que havia recebido a visita da Virgem na capela da rua du Bac foi encarregada de cuidar das vacas. Esse trabalho não era tão nobre quanto os outros? Com certa tenacidade, Catarina mantém seu "gado", apesar das reprovações e, às vezes, zombarias. Sua sobrinha Maria Antonia, que vem vê-la frequentemente, admira sempre a limpeza da leiteria. A compra e a venda desses animais estão sob a responsabilidade de Irmã Catarina. Ela sabe cuidar muito bem das vacas e sua honestidade a impede de utilizar os métodos dos comerciantes inescrupulosos. O estábulo dará prejuízo frequentemente e será suprimido em 1860.

Todo trabalho merece ser bem feito. Catarina está bem consciente disso e atenta à limpeza e exatidão. Servir as refeições na hora evita a irritação daqueles que esperam. Isso parece pouca coisa, mas demonstra o respeito devido a cada pessoa e favorece a paz na casa.

Depois de alguns anos na cozinha, Catarina, continuando o trabalho da horta, do pomar e da pequena fazenda, recebe a responsabilidade da lavanderia. Trabalho pesado e algumas vezes esgotante: manter o fogo sob grandes caldeiras, tirar a roupa ainda quente para estendê-la exige grande energia. Catarina não reclama nunca. Ela é responsável também pelo conserto e a passagem das roupas. Algumas jovens são enviadas para ajudá-la. Pacientemente, ela as ensina a costurar, a consertar as roupas dos idosos. Apesar dos esforços feitos para obter uma roupa bem branca e passada corretamente, Catarina escuta, às vezes, reclamações nem sempre com fundamento. Em geral, ela deixa falar e prefere ceder às reclamações a provocar sofrimento.

O trabalho feito por Irmã Catarina durante os quarenta e cinco anos passados no asilo não tem nada de extraordinário. Ele se parece com o cotidiano de muitas mulheres. Cuidar da casa, da horta, do pomar, da fazenda quase não é mencionado, pois é tão habitual, tão normal que não se destaca. Então, por que falar dele, por que propor contemplá-lo? Por meio desse trabalho tão ordinário, Catarina descortina um caminho cheio de virtudes ordinárias, sem nenhum brilho, mas virtudes com um verdadeiro sabor evangélico.

Em seu ensinamento, Jesus destacou a atividade cotidiana da mulher em sua casa. Ele fala da fabricação do pão, do fermento colocado na massa. Ele viu como sua mãe Maria era atenta em respeitar as proporções para que a massa fermentasse. "O Reino dos céus é comparado ao fermento que uma mulher toma e mistura em três medidas de farinha e faz fermentar toda a massa" (Mt 13,33). As Bem-aventuranças são um elogio de todas as virtudes vividas por estas mulheres humildes: "Felizes os pobres de coração... os mansos... os pacíficos... os misericordiosos" (Mt 5,3).

Quando Jesus quer falar na sinagoga de Nazaré, seus concidadãos o rejeitam com estas palavras: "Não é este o filho do carpinteiro?". Por que ele quer falar e nos explicar as Escrituras? Ele é apenas um artesão e não um escriba. O trabalho manual recebe uma valorização especial no Evangelho. Entrou no mistério da Encarnação com a humanidade do Filho de Deus, explica o Papa João Paulo II em sua encíclica sobre o trabalho (n. 22).

Durante seus retiros, Catarina examina sua vida; nem tudo é perfeito, ela vê as dificuldades que encontra; é por isso que medita a vida de

Jesus em Nazaré: ele praticou essas virtudes humildes que transformam o ordinário de cada dia. Ela suplica a Maria não permitir que as várias obrigações de seu trabalho cotidiano entravem seu caminhar em direção a Jesus, mas ensiná-la a "segui-lo em sua vida escondida e a fazer sua vontade" (AC 505).

Sexto dia

CAMINHO DE EUCARISTIA

A Santíssima Virgem me ensinou como deveria comportar-me em meus sofrimentos; a vir, apontando-me com a mão esquerda os pés do altar, ao pé do altar, prostrar-me de joelhos e ali abrir meu coração, e eu receberia os conselhos que me fossem necessários (AC 564).

Vinde aos pés deste altar, aqui as graças serão derramadas sobre todas as pessoas que as pedirem com confiança e fervor. Elas serão derramadas sobre os grandes e os pequenos (AC 637).

Durante a aparição da noite de 18 de julho, a Santíssima Virgem indica para Catarina o caminho a seguir a fim de obter as luzes necessárias para realizar a missão recebida e viver plenamente sua vocação de Filha da Caridade. "Vinde aos pés deste altar", diz-lhe Maria. É lá que ela encontrará aquele que se apresentou como "o caminho, a verdade e a vida" (Jo 14,6).

Pedindo a Catarina para vir aos pés do altar, Maria a convida a entrar mais profundamente no mistério da Eucaristia. Ainda jovem, Catarina já havia compreendido a importância da missa e da comunhão. Em Fain-lès-Moutiers, ela não hesitava em percorrer, de manhã e em jejum, os cinco quilômetros que a separavam da igreja de Moutiers-Saint-Jean, onde a missa era celebrada. Ao tornar-se Filha da Caridade, aproveita com alegria as oportunidades oferecidas e participa, todos os dias, da celebração eucarística.

Em seu íntimo, Catarina compreende, sem saber expressar por meio de palavras rebuscadas, que a Eucaristia manifesta o profundo desejo de união entre Deus e cada cristão. No dia que precede a comunhão, ela deseja preparar-se bem para receber seu Senhor. Não existe a comunhão diária em sua época. É o Papa Pio X quem vai instituí-la em 1910. Nos últimos anos de sua vida, Catarina não hesita em partilhar com as Irmãs mais jovens sua experiência da comunhão, e expressa sua importância por meio destas palavras:

> Vamos, minhas queridas, é preciso fazer alguma coisa pelo bom Deus e assim se preparar para a comunhão de amanhã.

Esse "alguma coisa" é simples como um sorriso a uma pessoa que repete a mesma coisa sem parar, uma palavra amável quando a irritação começa a se fazer sentir, um serviço prestado apesar do incômodo que provoca etc. Catarina quer fazer compreender que esse dom maravilhoso do amor de Deus só pode suscitar um ato concreto de amor ao próximo. Ela gosta de repetir as palavras de São Vicente às Filhas da Caridade: "Um dos benefícios que recebemos depois de uma comunhão bem-feita, minhas filhas, é tornarmo-nos uma mesma coisa com Deus. Oh! que graça!" (SV IX, 232).

Receber a comunhão é sempre um momento inesquecível para Catarina. A palavra de Jesus a seus apóstolos na noite da Quinta-feira Santa está sempre presente: "Tenho desejado ardentemente comer convosco esta Páscoa" (Lc 22,15). Pe. Chevalier, lazarista, que ia de tempos em tempos rezar a missa no asilo de Enghien, testemunhou no processo em vista da beatificação de Catarina: "Eu fiquei especialmente impressionado pela expressão de fé e piedade que iluminava seu rosto quando ela recebia a sagrada comunhão" (CLM 2.203).

Irmã Josefina, que se sentava perto de Irmã Catarina na capela, conta que, de tempos em tempos, levantava ligeiramente sua cabeça para olhá-la: "Ao retornar da santa mesa, ela se mantinha ajoelhada, imóvel. Eu acredito que esta imobilidade era fruto de um grande fervor" (CLM 2.315).

Irmã Josefina fica realmente surpresa e procura compreender o que pensa ser um profundo diálogo de Irmã Catarina com seu Deus.

A missa cotidiana e a comunhão são para Catarina, como para muitos cristãos, a fonte e o apoio de sua ação caritativa, de seu serviço junto aos mais pobres. Antes de morrer na cruz, Jesus celebra a primeira Eucaristia. Ele se dá como alimento antes de dar sua vida pela vida dos homens. Catarina é muito consciente de que receber o corpo de Cristo é um convite e um encorajamento para levar esta vida divina a todos. "Aproximemo-nos deste fogo para sermos por ele abrasados e depois, por nossa caridade e bom exemplo, atrair os outros a ele", explica São Vicente de Paulo.

Durante o dia, Catarina não hesita em ir à capela do asilo para aí permanecer por um curto momento. Ela se recorda das palavras da Santíssima Virgem: "Lançar-me aos pés do altar... abrir meu coração... contar meus sofrimentos". Perto dele ela encontrará consolo: "Eu receberei todos os conselhos de que tiver necessidade". Catarina sabe que Jesus sempre escutou seus contemporâneos. Ele responde não somente a seus apóstolos, mas acolhe todos os que vêm até ele. Jesus percebe também aqueles que não ousam ir por medo ou timidez. As Irmãs foram testemunhas de alguns momentos de Catarina na capela. Ela chega com o rosto tenso por causa de uma observação indelicada ou de uma forte contrariedade e, alguns minutos mais tarde, ela sai com o rosto em paz.

Ao encontrar uma Irmã abalada por uma censura que julgava injusta, Catarina a aconselha a ir por um instante à capela:

> Minha querida Irmã, se você tem alguma coisa para dizer, vá aos pés do sacrário, diga ao bom Deus tudo o que tem a dizer, ele não repetirá o que foi dito e você receberá a graça de suportar esta observação (CLM 2.323).

O convite de Maria para ir aos pés do altar não é somente para Catarina. Ele é repetido para todos, grandes e pequenos:

> Vinde aos pés deste altar, aqui as graças serão derramadas sobre todas as pessoas que as pedirem com confiança e fervor.

Ao entrar numa igreja ou capela, o cristão aproxima-se de Jesus que quis permanecer presente no mundo sob a espécie do pão. As graças prometidas por Maria são diferentes, frequentemente discretas, algumas vezes surpreendentes. Muitos são os que ficaram surpresos com a paz que se instalou neles, com a possibilidade de reconciliação, com o desejo de viver em fidelidade seu batismo. Os peregrinos falam, com emoção, de sua gratidão por essa graça inesperada.

O tempo de recolhimento, de meditação, de oração muda, com frequência, o olhar sobre si mesmo, sobre os acontecimentos e o mundo; ele permite distinguir novos horizontes. Esse tempo clareia com uma nova luz o caminho da vida.

Sétimo dia

CAMINHO DE ORAÇÃO

Quando eu vou à capela, coloco-me diante do bom Deus e lhe digo: "Senhor, eis-me aqui, dai-me o que quiserdes". Se ele me dá alguma coisa, fico bem contente e lhe agradeço. Se ele não me dá nada, eu agradeço da mesma maneira porque não mereço mais que isso. Em seguida, digo-lhe tudo o que me vem ao coração, conto meus sofrimentos e minhas alegrias e escuto. Se o escutardes, ele vos falará também, pois com o bom Deus é preciso falar e escutar. Ele sempre fala quando vamos a ele com simplicidade (CR 179).

Esse texto, recolhido pelas Irmãs que viviam com Irmã Catarina, diz, com sua simplicidade ordinária, como ela faz oração, como reza.

Todas as manhãs, às quatro e meia, Irmã Catarina entra na capela como todas as outras Irmãs. Ali permanece de joelhos durante uma meia hora, sempre bem ereta e sem jamais se deixar dominar pelo sono, com os olhos fixos no sacrário e, sobretudo, na imagem da Santíssima Virgem. Sua atitude impressiona as jovens Irmãs que percebem que a oração é um tempo primordial para Catarina. Então, um dia, algumas a questionaram: o que é a oração para você, como a faz? Com sua simplicidade habitual, Catarina lhes respondeu.

Catarina lhes transmitiu sua convicção profunda. A oração é um momento essencial na vida de cada cristão e muito particularmente de uma Filha da Caridade. É um momento de encontro com Deus. Ela explica que quem não reza, aos poucos, se separa de Deus, se afasta progressivamente dele e se arrisca acabar por esquecê-lo totalmente. Catarina lhes confia que sente um profundo desejo de dar tempo para Deus, e deseja-lhes essa mesma sede de ir até Ele, que as ama e as chamou a seu serviço. Com muita naturalidade, Catarina dá algumas orientações:

> Quando eu vou à capela, coloco-me diante do bom Deus.

Catarina contempla seu Deus presente no sacrário:

> E lhe digo: "Senhor, eis-me aqui".

Como o jovem Samuel, ela está inteiramente disponível para esse tempo de intimidade. Interiormente, ela retoma a frase de Samuel e se apropria dela:

Fala, Senhor, tua serva escuta.

No começo da oração, Catarina reafirma sua total confiança em Deus. Ela está pronta a acolher o que Ele vai dizer-lhe e dar-lhe.

Senhor, dai-me o que quiserdes.

Ela não pede nada, está ali numa atitude de gratuidade total.

Se ele me dá alguma coisa, fico bem contente e lhe agradeço.

Catarina gosta de agradecer o menor benefício recebido; manifesta também sua gratidão por todas as graças que recebeu durante o dia.
Depois, ela continua com estas palavras que surpreendem:

Se ele não me dá nada, eu agradeço da mesma maneira porque não mereço mais que isso.

Como dizer obrigado quando não se recebeu nada? Quando, explica Catarina, não tenho a consolação de perceber a palavra de Deus, esforço-me para permanecer lá e retomo o texto da meditação lido no começo da oração. Irmã Catarina escuta os lamentos daquelas que pensam não ser atendidas em sua oração, e se esforça em tranquilizá-las:

> Deixa Deus agir, ele sabe melhor que vós
> o que vos é necessário.

No Pai-nosso, dizemos a Deus: "Seja feita a vossa vontade", e gostaríamos que ele fizesse a nossa. Isso não é inverter os papéis? Para o espanto das jovens Irmãs, Catarina continua:

> Em seguida, digo-lhe tudo o que me vem
> ao coração.

Não é preciso usar grandes fórmulas, buscar sentimentos excepcionais para falar com Deus. Catarina fala de sua vida, de suas dificuldades, do sofrimento que causou com suas reações enérgicas demais, da preocupação com o idoso que está perto da morte, do sofrimento da mãe que não tem como alimentar sua família e pede ajuda.

> Conto meus sofrimentos e minhas alegrias.

Suas interlocutoras não compreendem. Falar sobre tudo, expor assim a dura realidade de sua vida, não é se deixar invadir por distrações, não é se afastar do puro amor de Deus? Muito sabiamente, Irmã Catarina confirma que a oração não é, nem pode ser uma abstração da realidade da vida. Ao contrário, é a vida que dará à oração maior profundidade humana. Vicente de Paulo refletia dessa maneira diante das decisões a tomar para uma nova fundação, para a compra de uma casa, para a escolha de um missionário para uma nova missão etc. A oração de Catarina é um diálogo de amor que vai, em seguida, nutrir seu comportamento, sua ação junto de todos aqueles que ela encontrará. Depois, com certa emoção, ela acrescenta:

E escuto.

É importante deixar o amor de Deus invadir seu coração e tomar o lugar do amor a si mesmo. Catarina sabe bem disso, é preciso não esperar grandes sensações, Deus não se manifesta assim. Deus não está no furacão, mas na brisa suave, constata Elias, escondido numa caverna, que quer ver Deus (cf. 1Rs 19,12).

Catarina quer tranquilizar as Irmãs que algumas vezes têm a impressão de perder tempo na oração, de se aborrecer:

Se o escutardes, ele vos falará também, pois, com o bom Deus, é preciso falar e escutar.

O Espírito de Deus age frequentemente sem que o percebamos. Catarina lembra o exemplo de Santa Teresa d'Ávila, que, durante três longos anos, reclamava de uma grande aridez, e até de aborrecimento durante sua oração. Mas ela permaneceu inteiramente fiel à oração durante toda a sua vida; interiormente Deus lhe falava e lá ela encontrava a energia para realizar a reforma do Carmelo. Catarina conclui suas explicações com esta orientação:

> Deus sempre fala quando vamos a ele com simplicidade.

Falar e agir com simplicidade, sem reserva, sem buscar a si mesma é o conselho que Vicente de Paulo dava às primeiras Filhas da Caridade.

Irmã Catarina sublinha às Irmãs que a interrogaram que é rezando que alimentarão e desenvolverão o gosto e a necessidade de oração. Ela deseja que façam a experiência do amor de Deus que é sempre fiel. Recomenda-lhes prestar atenção à oração que recitam cada manhã com a comunidade.

"Senhor Jesus Cristo, que dissestes: 'Pedi e recebereis, buscai e achareis, batei e vos será aberto', nós vos suplicamos conceder às nossas orações a ternura do vosso divino amor a fim de que vos amemos de todo o nosso coração e que ao confessá-lo pelas palavras e ações, não cessemos jamais de vos louvar. Senhor, inspirai-nos sempre sentimentos de temor e de amor por vosso Santo Nome, pois vós não abandonais nunca aqueles que estabelecestes solidamente em vosso amor, vós que viveis e reinais pelos séculos dos séculos. Amém."

Catarina aprecia muito essa oração que pede a Deus estabelecer solidamente seu amor em cada um de nós. Para rezá-la mais frequentemente, ela a copia e guarda com ela. Assim, durante o dia, sobretudo, quando está só na portaria esperando os visitantes, ela pode meditá-la tranquilamente e dizê-la lentamente, saboreando as palavras que ressaltam a grande bondade de seu Deus.

Oitavo dia

CAMINHO DE CONFIANÇA

Vós sois minha mãe e nos amais como vossos filhos. Ó vós, que bebeis na própria fonte das graças, derramai-as sobre nós com abundância. Apresentai nossos desejos e nossas orações a Deus. Poderia ele recusar-se a atender uma mãe a qual ama ternamente? (AC 634).

Irmã Catarina não esquece nem as duas horas passadas com a Santíssima Virgem na noite de 18 de julho de 1830, nem a aparição de 27 de novembro onde recebeu a missão de fazer cunhar a Medalha Milagrosa. Sua devoção para com Maria é fortemente marcada por esses encontros extraordinários. Catarina o exprime de uma maneira muito simples, sem nenhuma ostentação.

Entretanto, um pequeno detalhe é com frequência percebido por quem está a seu redor. Na capela, ela se mantém ereta, os olhos elevados, fixados mais frequentemente na imagem da Santíssima Virgem. Essa atitude surpreende. Mais tarde, quando Irmã Catarina for conhecida como a vidente da Medalha, esse profundo olhar para Maria ganhará um sentido: Catarina revive, em seu espírito, seus encontros com a Virgem Maria e se dirige a ela com confiança e ternura.

Todos os dias, como está na regra das Filhas da Caridade, Irmã Catarina reza o terço. Essa oração é para ela uma alegria, pois lhe permite saudar Maria com as palavras do anjo Gabriel e continuar seu louvor com as palavras de Isabel, feliz com a visita de sua jovem prima. Irmã Catarina recita o terço com tanta piedade que as Irmãs gostam de ir à portaria e rezar um pouco com ela. "Ela pronunciava as palavras sem pressa, sua voz tornava-se clara e harmoniosa, sua pronúncia tinha qualquer coisa de comovente e empolgante" (CR 173).

Quando a recitação do terço é em comunidade, na capela, uma Irmã de cada vez pronuncia a primeira parte da *Ave, Maria*. "Quando era a vez da Irmã Catarina rezar uma dezena, ela pronunciava estas palavras: 'Ave Maria, cheia de graça' com uma entonação de ardor, de piedade que tocava a todas nós" (CLM 2.315).

Irmã Catarina sofre quando o terço é rezado automaticamente, muito rápido. Para grande espanto de Irmã Joana Dufès, superiora da casa de Enghien, Catarina, a silenciosa, expressa-se com vigor: "O que mostra como estava impregnada de sentimentos de respeito e de devoção é que ela, sempre tão humilde e reservada, não podia impedir-se de censurar a rapidez, a pouca atenção que frequentemente acompanham a recitação de uma oração tão bela e eficaz" (CR 174).

A segunda parte da *Ave Maria* é uma oração de súplica. Catarina acha muito natural dirigir-se a Maria para expressar suas dificuldades, seus sofrimentos e os do mundo e pedir-lhe as graças necessárias para superá-los.

> Ó vós, que bebeis na própria fonte das graças, derramai-as sobre nós com abundância. Apresentai nossos desejos e nossas orações a Deus (AC 634).

Recorrer a Maria é confiar-se a seu amor maternal.

> Poderia ele recusar-se a atender uma mãe a qual ama ternamente?

Catarina toma o caminho que lhe parece mais fácil para chegar até Jesus Cristo. Sua oração se torna uma longa e muito simples ladainha:

> Maria, a mãe mais terna para com todos os vossos filhos, tende piedade de nós.
> Maria, protetora especial de todos aqueles que vos invocam, tende piedade de nós.
> Maria, vós que sois o refúgio dos pecadores e nossa mãe, protegei-nos.

Maria, cujo coração foi tão semelhante ao de Jesus, rogai por nós.
Maria, vosso nome é nosso escudo, protegei-nos (AC 634).

No final de sua oração, Catarina parece dar ordens à Virgem Maria. Ela não teme, pois sua confiança é total. Recorda-se da oração de Maria a seu filho durante as bodas de Caná e da resposta surpreendente dele: ele dá aos convidados um vinho excelente.

Maria, não ignoreis nossos pedidos.
Maria, se vos dignardes pedir a vosso Filho, ele vos atenderá (AC 634).

A devoção de Catarina à Virgem Maria não se manifesta somente em sua oração. Durante um de seus retiros, Catarina se dirige a Maria:

Ó Maria, fazei que eu vos ame e não me será difícil imitar-vos (AC 524).

Com essas palavras, ela expressa o que dirá, um século mais tarde, o Concílio Vaticano II: "A verdadeira devoção não consiste numa emoção estéril e passageira, mas nasce da fé, que nos faz reconhecer a grandeza da Mãe de Deus e nos incita a amar filialmente a nossa mãe e a imitar suas virtudes (LG 67). É difícil seguir o exemplo de alguém, seguir o caminho de vida que propõe, se essa pessoa não é apreciada e amada.

Catarina deseja seguir os passos dessa mulher de Nazaré que é, para cada cristão e cristã, mestra de vida espiritual. Ela gosta de olhar como Maria se mostrou disponível para tornar conhecida a vinda de seu Deus à Terra e como, em seguida, ela se retira deixando seu Filho levar a vida com seus discípulos apesar das preocupações provocadas pelos conflitos com os fariseus. Catarina destaca esse desejo tomando esta resolução no retiro:

> Imitar Maria em sua pobreza, em sua humildade e caridade para com os pobres (AC 448).

Catarina não se sente segura de si mesma; percebe-se vulnerável, desconfia de sua fraqueza, conhece seu temperamento de reações fortes. Ela implora a Maria vir em sua ajuda.

> Lembrai-vos, piedosíssima (misericordiosa) Virgem, que nunca se ouviu dizer que alguém que tenha recorrido a vossa ajuda tenha sido abandonado. Nessa confiança, eu me dirijo a vós, ó Santa Mãe, ouvi minhas orações e atendei meus pedidos (AC 634).

Seguir Maria é também aceitar as provações da vida, sejam elas físicas ou morais. Olhando a

Medalha Milagrosa que carrega, Catarina contempla os dois corações inscritos no reverso:

> Coração Imaculado de Maria, atraí para mim a fé e o amor que vos mantiveram aos pés da cruz de Jesus (AC 448).

Invocar Maria como faz Catarina é chamar aquela que está sempre bem perto de Jesus, é segui-la no caminho da fé e da perseverança.

> Ó minha Mãe, fazei que eu me recorde sempre de vós, eu vos peço e vos suplico, tende piedade de mim (AC 448).

Nono dia

CAMINHO DE LIBERDADE

Mortificar-me em todas as minhas ações, não buscar minha satisfação, não murmurar nos sofrimentos. Em todas as minhas ações, evitar toda espécie de murmuração, fazer minhas ações em união com Nosso Senhor (AC 415).

Não reclamar das pequenas contrariedades que eu possa ter junto aos pobres e rezar por aqueles que me fizerem sofrer (AC 448).

Todos os testemunhos das Irmãs que viveram com Irmã Catarina Labouré são unânimes: "Ela tinha um temperamento firme e enérgico, e impulsivo". Por trás dessa forte personalidade se esconde uma grande sensibilidade. Irmã Ana Maria, que viveu doze anos junto dela, constata que, apesar de toda a admiração que lhe devotava: "Acontecia-lhe reagir com vivacidade quando passava por contrariedades" (CLM 2.318). Os comentários eram, então, bem secos. Cada uma podia confirmar o que está escrito na notícia sobre a vida de Irmã Catarina enviada a todas as casas das Filhas da Caridade em janeiro de 1878:

"Sua vivacidade a levava a pequenos comentários feitos com um tom firme".

Catarina reconhece que, diante de repreensões não merecidas e de grandes contrariedades, suas reações são imediatas. Ela fica abalada e custa-lhe refrear palavras desagradáveis. Entretanto, percebe que a manifestação de sua impaciência, de seu descontrole, tem efeitos muito negativos em seu ambiente. Assim, desde 1838, durante seu retiro anual, ela toma firmes resoluções:

> Não buscar a minha satisfação, não murmurar nos sofrimentos, evitar qualquer espécie de murmuração (AC 415).

Mas reprimir a exasperação não é fácil. Quando a cólera borbulha, ela reconhece que tem dificuldade para controlá-la. Sente o rubor subir em sua face e as respostas estão prontas para serem dadas. Cecília, uma jovem que trabalha na lavanderia, viu "suas bochechas ficarem vermelhas de contrariedade" (CLM 2.348), em várias ocasiões. Catarina se apressa em abaixar a cabeça, obriga-se a calar, esperando acalmar-se. Várias vezes, as Irmãs puderam constatar esse esforço para controlar o impulso de cólera. Várias vezes, elas admiraram a força dessa personalidade obstinada. Mas também acontece de Catarina não conseguir controlar a emoção e a palavra jorrar com força. Quando esse impulso passa, Catarina vai até a pessoa que feriu e pede perdão (CLM 2.259, 323).

A conquista da liberdade interior é uma exigência difícil que ela conquista pouco a pouco. O comportamento humano é frequentemente orientado, sem que se dê conta, por necessidades ou desejos mais ou menos conscientes, por conflitos interiores. Todas essas forças internas provocam reações mal controladas e entravam a liberdade. Catarina compreende que se deixar conduzir instintiva e cegamente por seu temperamento forte demais, é deixar-se aprisionar, é perder a liberdade.

Consciente de suas deficiências, ela renova, regularmente, suas resoluções, especificando-as ainda mais. Em 1841, ela anota no fim de seu retiro:

> Eu sofrerei sem murmurar todas as pequenas repreensões que me fizerem em espírito de penitência e humildade. Eu vos peço esta graça, ó meu Deus (AC 448).

Catarina aceita se fazer violência para conter os impulsos e conservar-se calma. Ela compreende que o pecado é consentir deixar-se conduzir pelas paixões que a habitam, pede a Deus ensiná-la a modelar seu comportamento segundo o modelo evangélico.

Pouco a pouco, Catarina descobre essa liberdade interior onde o ardor das paixões que agitam o ser é controlado habitualmente. Consegue, então, aceitar o sofrimento que vem dos outros sem identificar a pessoa com sua falta. Compreende que a primeira conversão a ser desejada é a sua e não a dos outros. Serenamente, ela toma o hábito de "rezar por aqueles que me fizerem sofrer por alguma coisa" (AC 448).

Irmã Maria, tendo observado o comportamento de Catarina durante dezesseis anos, constata a transformação que se realizou nela ao longo dos anos. "Eu acredito que Irmã Catarina tenha nascido com um temperamento bastante forte. Mas a força era temperada por uma doçura tão grande que não aparecia" (CLM 2.310).

E Irmã Luísa pôde afirmar, tendo vivido com Catarina quase doze anos: "O segredo da força de sua alma era sua fé profunda e seu grande amor a Deus" (CLM 2.345).

Maria Antonia Duhamel, que regularmente ia vê-la com sua mãe (Tonine, a irmã caçula de Catarina), confirma as afirmações das Irmãs: "Irmã Catarina não era insensível por temperamento. Quando tinha de suportar uma contradição qualquer, isso era visível em seu rosto. Mas ela não a deixava irromper, mantinha o controle sobre si mesma".

Maria Antonia guardou, sobretudo, a reflexão de sua tia, revelando a luta cotidiana para controlar seu forte temperamento: "Ela dizia que a maior vitória é a que se conquista sobre si mesmo" (CLM 2.245).

Cada um, cada uma pôde constatar o combate interior travado por Irmã Catarina para controlar suas reações muito fortes. O caminho para adquirir a verdadeira liberdade interior passou, para Catarina, por uma real aceitação dela mesma e dos outros e uma longa contemplação de Jesus manso e humilde de coração.

Décimo dia

CAMINHO DE RESPEITO

> Irmã Catarina servia os idosos com uma caridade extrema e um grande devotamento, prodigalizando-lhes cuidados noite e dia. Era ainda mais atenciosa com aqueles que haviam se mostrado menos educados ou respeitosos com ela. Sua caridade era firme quando necessário, mas sempre muito mansa e muito paciente, apesar da vivacidade de seu temperamento (CLM 2.257).

Por volta de 1858, a Irmã encarregada do serviço dos idosos foi enviada como superiora para uma outra casa. Irmã Catarina é, então, escolhida para substituí-la. Esses homens, a maior parte antigos empregados da família de Orleans, trabalharam como guardas, cocheiros, criados etc. O asilo de Enghien foi fundado pela família real para dar-lhes um asilo no final de sua vida.

É pedido à Irmã Catarina que assegure, no grande dormitório que acolhe vinte idosos, a limpeza, a higiene e o bom entendimento entre eles. Ela terá de cuidar dos doentes também. Com sua simplicidade habitual, Catarina executa o trabalho que lhe foi confiado. Todos os dias, ela limpa o dormitório e, de tempos em tempos, esfrega energicamente o assoalho de madeira. No almoço e jantar, servindo a refeição, ela cuida para que cada um tenha o que é preciso. Certa vez, durante a refeição, um homem se levantou e leu um cumprimento que preparou, pois era a festa de Irmã Catarina: "Minha Irmã, vós sois boa para todos. Vós sempre nos perguntais à mesa: Tendes o suficiente?"

A atenção que Catarina dirige a cada um toca o coração desses homens rudes. Ela se mostra muito justa, sem nenhuma parcialidade. Se ela dá alguma preferência, é sempre àqueles que são os mais desagradáveis, os mais difíceis.

Apesar de ser caridosa e dedicada para com todos, Catarina sabe, entretanto, mostrar-se firme quando necessário. Alguns idosos, de vez em quando, fazem críticas violentas seja sobre o funcionamento da casa, seja contra a religião. Um dia, um deles dirigiu-se à Irmã Catarina tendo nas mãos a camisa limpa que lhe fora entregue. Sua cólera era evidente: "Veja como nos tratam, eu vou falar com a administração". Essa camisa não era tão elegante para seu gosto. Irmã Catarina, bem tranquilamente, responde: "Está bem, meu caro, vá reclamar na administração". Desconcertado com a calma da Irmã, o homem se retira sem replicar e não fará nenhuma reclamação. Irmã Catarina sabe que, sob estas atitudes grosseiras, se esconde um profundo sofrimento ligado à inatividade, às enfermidades e, para muitos, à solidão.

Um outro idoso que não crê em nada profere, frequentemente, palavras ultrajantes contra a religião. As Irmãs se surpreendem com a atitude sempre bondosa de Catarina para com ele. Elas lhe dizem com assombro: "Minha Irmã Catarina, seu diabo X, é bem mau". Elas veem, então, os olhos de Catarina encherem-se de lágrimas e a resposta é curta: "Bom, rezem por ele". Para Catarina, as críticas são inúteis e percebidas frequentemente como uma rejeição da pessoa e aumento do sofrimento. Ela gosta de lembrar a palavra de São Vicente de Paulo: "Virai a medalha e vereis, à luz da fé, que o Filho de Deus, que quis ser pobre, nos é representado por estes pobres (...). *Ó Deus, como é belo ver os Pobres*, se os consideramos em Deus e na estima que por eles teve Jesus Cristo! Mas se os olharmos segundo os sentimentos da carne e do espírito do mundo, eles parecerão desprezíveis (SV XI, 32).

O respeito que Catarina manifesta para com seus idosos encontra sua fonte e sua força nas palavras e nas atitudes de Jesus Cristo. Esses homens gostam, depois do almoço, de ir ao café onde encontram os outros. Juntos, eles conversam e bebem. Vários voltam cambaleando e proferindo palavras geralmente incompreensíveis. Irmã Catarina sofre ao vê-los assim. Sem dizer nada, ela os ajuda a subir até sua cama e a se deitarem. Ela não briga com eles, dizem as testemunhas. Irmã Josefina se surpreende e pergunta as razões desse silêncio. É que, apesar de tudo, eu vejo Nosso Senhor nele. Além disso, este homem não é capaz de, neste momento, tirar proveito da repreensão."

No dia seguinte, Catarina o faz tomar consciência de seu estado. Frequentemente, o idoso, bem envergonhado, balbucia algumas desculpas. Catarina responde: Não é a mim que deve pedi-las, mas ao bom Deus. O estado de decadência que esses homens bêbados mostram contradiz a dignidade do homem que Deus criou a sua imagem. Catarina se esforça, por suas palavras e comportamento, para ajudá-los a tomar consciência disso.

O regulamento do asilo de Enghien é claro e exigente. Todo homem que voltar a ficar embriagado será privado da saída por três dias. Catarina aplica fielmente esse regulamento, mas esforça-se em atenuar o rigor para que esses homens não sejam feridos ou se revoltem. Durante três dias, aquele que sofre a punição não quer ser visto. Permanece no dormitório, recusa-se a descer para o refeitório. Catarina leva-lhe a refeição; refeição temperada por uma pequena lição de moral que é ouvida com muito respeito. Cada um aprecia, quando a punição lhe é aplicada, a discrição de Irmã Catarina e sua incansável bondade.

A incansável bondade de Irmã Catarina se manifesta ainda mais quando um de seus queridos idosos está perto da morte. Ela se dedica a reavivar nele a graça de seu batismo. No século XIX, todas as crianças são batizadas em seu nascimento, a religião católica é a religião do povo francês. Catarina passa horas, de dia e de noite, perto do agonizante, aliviando suas enfermidades e sofrimentos, mas, sobretudo, acalmando sua angústia. Por meio da bondade, do devotamento e das atenções delicadas da Irmã, esse homem descobre um novo rosto desse Deus que ele rejeitou durante a vida. A paz se instala no fundo dele mesmo e ele pede para receber o perdão de Deus. O rosto do agonizante se acalma. A grande passagem não lhe causa mais medo. Irmã Joana Dufês afirmará: Nenhum dos idosos morreu sem ter se reconciliado com Deus. Vários tiveram uma morte santa (CLM 2.186).

Por seu incansável respeito para com todos, por sua atitude ao mesmo tempo firme e bondosa, Irmã Catarina permitiu a esses homens viver, o mais dignamente possível, os últimos anos de suas vidas. Ela concretizou as palavras de Luísa de Marillac às primeiras Filhas da Caridade: "Sede muito afáveis e bondosas com vossos pobres. Sabeis que são nossos mestres a quem devemos amar com ternura e respeitar profundamente" (LM, p. 365).

Décimo primeiro dia

CAMINHO DE PERSISTÊNCIA

Agora, eu vos direi que me sinto pressionada, há dois anos, a vos dizer para construir ou erguer um altar à Santíssima Virgem no mesmo lugar onde ela apareceu (AC 455).

Catarina preocupa-se em realizar fielmente o que a Virgem Maria lhe pediu. A cunhagem da medalha e sua difusão no mundo foram uma grande alegria para ela, mas um pedido continua em suspenso: um altar dedicado à Virgem oferecendo o mundo a seu Filho, edificado no mesmo lugar da aparição.

Esse pedido se torna um verdadeiro calvário para Catarina. Ela se sente pressionada pela Virgem Maria, mas era sempre desencorajada por Padre Aladel. Um dia, no confessionário, único lugar onde Irmã Catarina encontra seu diretor espiritual, a conversa se prolonga e o tom se altera. As Irmãs não compreendem porque Irmã Catarina, cuja vida transcorre no silêncio, fica tanto tempo no confessionário, nem porque o confessor reagiu tão fortemente a ponto delas o escutarem! Irmã Catarina queria tanto conseguir convencer seu diretor a fazer o altar!

Em 1849, o número de Irmãs do Seminário na Companhia das Filhas da Caridade é tão grande que a capela da rua du Bac tornou-se muito pequena para acolhê-las. Sendo assim, irão ser feitas reformas. Catarina espera que o pedido da Virgem seja atendido, mas sua esperança é rapidamente frustrada. Um novo altar é construído, mas colocado no centro do coro. Uma magnífica imagem da Virgem talhada em bloco de mármore está sendo preparada. Maria é representada como na Medalha Milagrosa: as mãos abertas com raios e não com o globo nas mãos.

Em 1851, Padre Aladel, confessor habitual da comunidade, é substituído por um outro padre lazarista, Padre Chinchon. Catarina se pergunta: este novo confessor levará em conta o desejo de Maria? No primeiro encontro sua esperança renasce. O Padre Chinchon a acolhe e escuta com muito mais atenção, mas infelizmente não há resultados!

Como Catarina poderá assumir a responsabilidade que lhe foi confiada? Ela reflete, reza e implora a Maria, e não vê nenhuma saída para seu dilema. O altar no lugar da aparição, com a Virgem oferecendo a seu Filho o globo representando o mundo e cada pessoa em particular, se torna um verdadeiro tormento. "Este foi meu martírio", ela dirá no fim de sua vida. Catarina revê, com frequência, esse momento inesquecível da aparição.

> Eu vi a Santíssima Virgem perto do sacrário... Suas mãos, elevadas na altura do estômago de maneira bem natural, sustentavam uma esfera que representava o globo encimado por uma pequena cruz de ouro... Dizer-vos o que entendi no momento que a Santíssima Virgem oferecia o globo a Nosso Senhor – é impossível descrever o que senti (AC 635).

Os anos passam e nada muda. Em 1876, Catarina, sofrendo de artrose e tendo frequentes crises de asma, pressente que sua morte está próxima e não quer morrer sem ter atendido todos os pedidos da Virgem. Então, ela toma uma atitude incomum: quer ver o Padre Chinchon, no qual confiava muito. Desde que ele foi nomeado diretor do seminário dos lazaristas, ele não vai mais a Reuilly. No fim de maio, ela, que não saía mais, vai à casa dos lazaristas, rua de Sèvres, e pede para falar com o Padre Chinchon. Seu pedido é transmitido ao superior geral, que recusa o que lhe parece um capricho dessa irmã idosa. Catarina insiste em vão, retorna transtornada, com lágrimas nos olhos. Irmã Joana Dufès, pouco habituada a vê-la nesse estado, a interroga: "Eu precisava muito falar com meu confessor", responde Catarina. Em seguida, depois de um momento de silêncio, ela continua: "Eu não viverei mais muito tempo, acredito que chegou o momento de vos contar".

Para realizar, antes de morrer, o que lhe parece importante, Catarina está pronta a quebrar o silêncio que manteve durante mais de quarenta anos. Mas é realmente necessário fazer isso? Com prudência, Catarina acrescenta:

> Amanhã, em minha oração, vou consultar a Virgem. Se ela me permitir falar, eu virei procurar-vos às dez horas. Vireis ao parlatório de Enghien, aí ficaremos mais tranquilas.

Nesse instante, Catarina tão humilde, tão submissa à autoridade, dita a conduta que sua superiora deve adotar. Com humildade e simplicidade, Catarina soube harmonizar o sentido de responsabilidade com o respeito à autoridade.

No dia seguinte, às dez horas, Irmã Joana Dufès escuta o relato das aparições da Virgem. Catarina fala com naturalidade e precisão. Detém-se longamente sobre a imagem da Virgem com o globo. Irmã Joana Dufès fica desconcertada, pois só conhece a Virgem com os raios, que está representada na Medalha Milagrosa. Ela gostaria de ter certeza de que a visão da Virgem com o globo não é fruto da imaginação de Catarina. Gostaria também, de ter uma prova para que não dissessem que ela perdeu a cabeça. Ao ver seu relato colocado em dúvida, mais uma vez, Catarina não se perturba e responde bem calmamente: "Não será a primeira vez que me tratam como louca" (CR 195).

Para tranquilizar Irmã Joana Dufès, ela diz que o Padre Aladel ditou o relato a uma Irmã do secretariado da Casa Mãe sem nunca citar seu nome. Depois, essa Irmã foi enviada para Riom. A resposta da antiga secretária do Padre Aladel foi muito convincente. Ela retoma precisamente o que Catarina expôs. Irmã Joana Dufès, convencida, toma as providências.

A execução é feita segundo as orientações de Irmã Catarina, mas aquela que contemplou a Virgem não consegue deixar de demonstrar um significativo aborrecimento quando a imagem é levada a Reuilly: "A Santíssima Virgem era muito mais bela que isso!" A imagem permanecerá na capela da casa. Nem pensar em colocá-la na capela das aparições onde já está a imagem da Virgem com os raios! Entretanto, Irmã Dufès sabe, pela vidente, o lugar exato da aparição. O altar feito somente após a morte de Catarina, em 1880, está situado no lugar exato da aparição. A

Virgem com o globo está colocada acima dele.

Irmã Catarina, frequentemente, viu-se sozinha diante da responsabilidade que devia assumir. A ajuda humana com a qual pensava poder contar, com frequência, foi-lhe recusada. Como conseguiu suportar os sofrimentos experimentados por não poder realizar o que lhe fora pedido? Em sua oração, ela meditou sobre as várias rejeições sofridas por Jesus quando percorria diferentes regiões da Palestina. Sua constante oração a Maria também a reconfortou e sustentou. Catarina soube empregar toda a sua energia natural, sua tenacidade diante das provações para não ceder ao desânimo. Ela soube erguer a cabeça diante da adversidade, tomar iniciativas inéditas, pois se sentia responsável em transmitir a mensagem da Virgem Maria.

Décimo segundo dia

CAMINHO DE SABEDORIA

Pude constatar, durante os dezoito anos vividos com ela, que era sempre prudente em suas palavras e em sua conduta. Era muito discreta, aliás, falava muito pouco e sabia calar-se. Se lhe contássemos alguma coisa, sabia guardar para ela (CLM 2.321).

Catarina sempre foi muito prudente em seus conselhos às jovens Irmãs. Ela as conduzia sempre ao bom espírito (CLM 2.340).

Em 1849, uma epidemia de cólera espalhou-se em Paris. As mortes no bairro de Reuilly multiplicaram-se e muitas crianças perderam seus pais, ficando nas ruas. As Irmãs preocuparam-se em socorrê-las. Organizaram um centro de acolhida para alimentar, vestir todos esses órfãos, e logo é construído um prédio para recebê-las na extremidade do grande terreno do asilo de Enghien, perto da rua de Reuilly. A esse orfanato, rapidamente, são acrescentados uma escola de ensino fundamental, uma creche para os menores e a catequese. Esse conjunto recebe o nome de

Providência Santa Maria, uma verdadeira "colmeia" que ocupa totalmente a superiora, Irmã Joana Dufès. A vida da comunidade concentra-se mais na Providência Santa Maria do que no asilo de Enghien. Um mal-estar instala-se pouco a pouco nessa grande casa. Os idosos reclamam de serem abandonados e sentem-se marginalizados. Alguns vão escrever à rainha Amélia, que, de seu exílio, assegura o financiamento do asilo. Essa última contesta as construções feitas no terreno e ameaça não financiar mais o asilo. Essas ameaças nunca serão cumpridas.

São feitas críticas à Irmã Joana Dufès. Várias Irmãs não aceitam os novos métodos que ela utiliza e manifestam seu descontentamento. O clima se deteriora progressivamente, cada um e cada uma dando uma opinião pessoal com firmeza. Cada uma é levada a fazer um julgamento desfavorável, crítico sobre tudo o que a diferencia da outra, qualificando essa diferença como um erro.

Quinze Irmãs jovens foram enviadas para responder às diversas atividades da Providência Santa Maria. Várias delas se assustam com esse clima tenso e não sabem como se posicionar. Percebem que Irmã Catarina parece não tomar parte das várias discussões e críticas. Várias vão encontrá-la e confiam-lhe sua preocupação. Irmã

Catarina escuta-as com muita atenção. As Irmãs falam sem temor. Catarina sabe calar-se, sua discrição é total. Nada do que é dito será repetido fora. "Se lhe contássemos alguma coisa, diz Irmã Francisca, sabia guardar para ela" (CLM 2.321).

Diante das críticas contra a superiora que se espalham pela casa, Irmã Catarina lhes dá um sábio conselho: "Não se metam nisso" (CLM 2.310).

Ela insiste no respeito à autoridade. As decisões de Irmã Joana Dufès foram tomadas de comum acordo com a Superiora-Geral. Nada de bom pode advir se as críticas demolirem tudo o que foi realizado. "Ela nos conduzia sempre ao bom espírito, enquanto procurávamos, talvez, nos afastar dele", constata Irmã Madalena (CLM 2.340).

Em um grupo em conflito, cada um tenta atrair para seu lado o maior número possível. Calmamente, Irmã Catarina explica às jovens Irmãs descontentes que não devem assustar-se com as dificuldades que vivem. Em cada grupo, em cada comunidade, chega um momento em que aparecem as dificuldades sobre as orientações a seguir, a maneira de realizar a finalidade do grupo.

A extensão do serviço prestado ao bairro miserável de Reuilly está na base do conflito. Para facilitar o discernimento, Irmã Catarina lembra as orientações dadas por Vicente de Paulo e Luísa de Marillac, orientações que elas escutaram durante seu seminário:

"Tendes uma vocação que vos obriga a assistir indistintamente a toda classe de pessoas, sejam homens, mulheres ou crianças e, em geral, a todos os pobres que necessitarem dos vossos serviços" (SV X, 452). O critério de escolha sempre foi preciso: "Vós sois para os que estão em necessidade e que são abandonados por todos" (SV VII, 65).

Não é isso que se realiza no asilo e na Providência Santa Maria? A miséria dos idosos é diferente da miséria das crianças que vagam pelas ruas ou são exploradas, desde a infância, nas fábricas de papel do bairro. Não é possível comparar essas duas formas de miséria ou dar mais importância a uma que à outra. É tão importante combater o sofrimento dos idosos, quanto o das crianças, por meios apropriados. Catarina aconselha cada Irmã a olhar, com boa vontade e não com uma desaprovação sistemática, o que é feito pelos pobres. Com delicadeza e simplicidade, ela incita cada uma a não se fechar em sua própria opinião. Ela tem o dom de responder a cada uma de acordo com sua necessidade. Cada uma descobre em sua conversa e em seus conselhos a moderação e a discrição que pacifica os corações e os espíritos. Irmã Maria, que escutou Irmã Catarina muitas vezes, observa: "Em uma palavra, sua conduta era uma mistura de simplicidade, prudência, discrição que nos impressionava" (CLM 2.257).

Irmã Catarina se esforça em levar cada uma a vencer as resistências que as impedem de acolher, serenamente, as pessoas e os acontecimentos. Sabiamente, ela as aconselha a buscar, antes de tudo, as necessidades reais dos pobres que servem e a respondê-las com grande compaixão. Então a paz voltará, cada uma estando preocupada não consigo mesma, mas com os outros.

Por meio da moderação em suas palavras, de seu bom senso, sua imparcialidade, seu amor à verdade e seu equilíbrio nas coisas, Catarina ajudou a comunidade a "restabelecer a harmonia que havia sido perturbada", observa Irmã Luísa, uma das Irmãs jovens (CLM 2.329). Catarina faz entrever como pode ser o caminho da sabedoria descrito pelo apóstolo Tiago em sua epístola: "A sabedoria é (...) pacífica, condescendente, conciliadora, cheia de misericórdia e de bons frutos, sem parcialidade, nem fingimento" (Tg 3,17).

A sabedoria de Catarina, que tanto impressionou as Irmãs mais jovens, não era inata nela. Como muitos, Catarina teve de empreender uma luta consigo mesma para adquirir esse julgamento equilibrado e essa paz interior. Suas resoluções de retiro se referem sempre a Jesus Cristo:

> Seguir Jesus Cristo em meus pensamentos, palavras e ações e refletir sobre eles se cometer aí alguma falta (AC 415).

Ela deseja viver de acordo com a vida que escolheu. Ela fez de Jesus sua regra de vida. A verdadeira sabedoria vem de Deus, tem sua fonte em sua Palavra.

Décimo terceiro dia

CAMINHO DE CARIDADE

Tudo nela respirava a caridade de Deus (CLM 2.189).

Irmã Catarina era cheia de caridade, nunca criticava seus superiores nem falava mal de suas Irmãs. Estava sempre disposta a fazer calar qualquer um que falasse contra a caridade (CLM 2.288).

O longo contato com a Palavra de Deus e sua meditação durante as orações impregnaram Catarina aos poucos. Ela compreendeu que Deus buscava seu amor e deixou esse amor transformá-la. Para ela, o primeiro mandamento: "Amarás o Senhor teu Deus de todo o teu coração, de toda a tua alma e de todo o teu espírito", tornou-se realidade. Irmã Filomena, que viveu dezessete anos com ela, pôde testemunhar verdadeiramente: "Ela respirava a caridade, o amor de Deus" (CLM 2.189).

A presença de Deus em Catarina não se expressa por meio de palavras, já que ela é pouco comunicativa. Mas seu olhar irradia uma luz tão particular que é possível descobrir nele um reflexo do amor de Deus. Sua atitude na capela é também muito expressiva. Todos percebem que ela está verdadeiramente na presença de seu Senhor.

O diálogo interior de Catarina com seu Deus nunca foi uma fuga da realidade. Ao contrário, nela a irradiação do amor de Deus se traduz por uma profunda caridade para com todos que convivem com ela. O segundo mandamento "Amarás o teu próximo como a ti mesmo" é para ela indissociável do primeiro. Todas as tarefas materiais que realiza diariamente são a expressão concreta de sua caridade. Catarina vai ao encontro do pensamento de São Vicente de Paulo: "Amemos a Deus, mas que seja com a força de nossos braços, com o suor de nossos rostos" (SV XI, 40).

A caridade de Catarina se traduz particularmente por um grande respeito a cada pessoa. "Nunca a ouvimos falar mal de alguém" (CLM 2.204).

No entanto, Catarina via, constatava os erros, as faltas daqueles e daquelas com os quais vivia. Contendo seu temperamento forte, ela aprendeu a não encerrar a pessoa em seu erro. Ela sabe também, por experiência, que cada um é capaz de cometer um erro semelhante àquele que quer denunciar com tanta determinação.

Sua caridade é paciente. Ela sabe que é preciso tempo para compreender o temperamento das Irmãs que vivem com ela, das pessoas que trabalham no asilo. Cada um tem sua personalidade. Catarina não procura idealizá-las segundo seu gosto pessoal. Por isso, criticar o outro, o que ele fez e seus gestos é insuportável para ela. Quando ouve as Irmãs falarem mal de alguém, esforça-se para pôr um fim a essa conversa nociva. E se não consegue calar aquelas que falam sem moderação, ela sai para mostrar seu desacordo e não tomar parte na maledicência. Irmã Maria testemunhou frequentemente essa sua atitude: "Se falássemos na frente dela dos defeitos desta ou daquela pessoa, ela se afastava para não tomar parte na conversa" (CLM 2.307).

Eventualmente, acontecia que uma Irmã a menosprezasse ou a criticasse abertamente. Catarina "se contentava em levantar os olhos ao céu, um sorriso pairava sobre seus lábios, mas não pronunciava uma só palavra" (CLM 2.598). As Irmãs sempre admiravam sua calma e paciência. Catarina nunca tratou com rigor aqueles ou aquelas que, por seu comportamento ou suas palavras, a fizeram sofrer.

Durante os últimos anos de sua vida, Irmã Catarina foi encarregada da acolhida na portaria. Passa longas horas sentada diante de uma pequena mesa coberta de roupa para consertar. Todo tipo de pessoa bate à porta, alguns vêm ver os idosos, outros pedem uma orientação, um conselho. "Este serviço na portaria não era fácil, ela se relacionava com muita gente" (CLM 2.314).

Ela acolhe com bondade e prudência. Quando os pobres lhe contam seu sofrimento, Catarina escuta com muita atenção; seu ar de bondade e sua atenção deixam-nos à vontade. Ela faz tudo que pode para aliviá-los: vai buscar um pouco de comida para a mãe de família que não tem nada dar a seus filhos ou alguma roupa. Mas quando importunos vêm bater à porta, Catarina se mostra firme e interrompe rapidamente.

As jovens Irmãs aproveitam um momento de sossego em seu serviço para vir contar-lhe suas alegrias ou suas dificuldades, pedir um conselho. Catarina não manifesta nenhuma surpresa nem faz nenhuma censura. Ela escuta. As Irmãs retornam tranquilas e agradecidas pelos conselhos dados, conselhos cheios de sabedoria e de simplicidade. Irmã Rosalie, que trabalha na cozinha, não tem tempo para ir à portaria nas horas que Irmã Catarina está lá. Esta adivinha as necessidades da cozinheira pouco experiente e vai vê-la discretamente e lhe dá vários pequenos conselhos que podem ser úteis. Ela a apoia diante dos aborrecimentos ou das incompreensões:

> Se encontrardes algumas dificuldades, alguns sofrimentos, não vos assusteis, eu encontrei muitos outros (CLM 2.174).

Tudo isso é dito com tão grande bondade e humildade que Irmã Rosalie se sente reconfortada e retoma a confiança em si mesma. A caridade de Irmã Catarina se traduz por pequenos gestos que manifestam grande atenção ao outro. Essa caridade tão simples encontra sua luz e sua força em Deus. A experiência de seu encontro pessoal com Jesus Cristo dá à caridade de Catarina uma tonalidade cheia de bondade, de prudência e de simplicidade.

Décimo quarto dia

CAMINHO DE HUMILDADE

Aceitar todas as pequenas contrariedades em espírito de humildade e de penitência. Pedir em minhas orações que a vontade de Deus se realize em mim. Não pedirei outra coisa se ele quer que eu seja humilhada. Que seu santo nome seja bendito! Desejo ser toda vossa, ó meu Deus, fazei de mim tudo o que vos agradar. Ó Maria, alcançai-me as graças que me são necessárias (AC 448).

A virtude da humildade é uma constante na vida de Irmã Catarina, mas está frequentemente escondida sob atitudes tão simples que é preciso descobri-la.

O olhar que Catarina tantas vezes lançou sobre a Virgem Maria permitiu-lhe compreender o que é essa virtude. Maria, em seu *Magnificat*, a expressa particularmente em duas frases complementares: "O Senhor olhou para a humildade de sua serva" e "O Senhor fez em mim maravilhas".

Como Maria reconhece o que ela é, Catarina também reconhece o que é. No final da conversa durante a qual ela contou as aparições da Virgem,

Irmã Joana Dufès, fascinada e ao mesmo tempo muito emocionada, manifesta sua admiração: "Como fostes favorecida!" Catarina responde com toda a franqueza:

> Eu fui somente um instrumento. Não foi por mim que a Santíssima Virgem me escolheu. Se fui escolhida, não sabendo nada, foi a fim de que ninguém pudesse duvidar dela (CLM 2.101).

Catarina é consciente de sua pouca cultura, sofre quando é preciso escrever, pois sua ortografia é bem ruim. Também é consciente de que a missão recebida a ultrapassa, que será preciso passar por intermediários. Ela encontra, então, incredulidade e dúvida. Humildemente, Catarina aceita ser percebida como uma pessoa que se deixa levar por sua imaginação. Em 1876, Irmã Joana Dufès pede-lhe provas quando ela fala da Virgem com o globo nas mãos! Catarina aceita as hesitações de sua superiora. O humilde é forte para levar a bom termo uma tarefa que o ultrapassa, pois ele não conta com o sucesso pessoal, mas tem em vista o bem que a tarefa produzirá.

Ao longo de toda a sua vida, Catarina procura desaparecer em meio a todo mundo. "A humildade nela se traduzia por um esquecimento completo de si mesma e uma grande simplicidade" (CLM 2.259).

Catarina não busca destacar-se. Fala muito pouco de si mesma, mas sabe acolher os pedidos de conselho feitos pelas Irmãs mais jovens. Sabe escutar suas dificuldades, seus erros, sem julgar. Ajuda-as a lançar um olhar lúcido sobre si mesmas para descobrir não somente o que é ruim, e também o que é bom. O humilde aceita reconhecer os dons que Deus lhe deu para dar graças por eles. Não é essa a atitude de Maria no *Magnificat*?

Durante os longos anos passados no asilo de Enghien, Catarina aceita os serviços que lhe são propostos, esforça-se para realizá-los da melhor maneira possível, tendo em vista o bem e o conforto dos internos. Ela compreendeu rápido que a humildade deve qualificar a ajuda que dá a cada um. Sua competência é apreciada; o que ela aprendeu ao longo dos anos, deseja partilhar com os outros. Com grande paciência, ensina Irmã Luísa, que nunca pegou na agulha em sua casa, a remendar as roupas dos idosos. Dá à Irmã Rosalie, frequentemente perdida em sua grande cozinha, pequenas dicas para que tenha sucesso nos pratos que prepara. O humilde não considera seu saber, por menor que ele seja, como uma aquisição pessoal, mas como um bem para prestar serviço às pessoas.

Catarina nunca considerou o serviço que realizava como sua propriedade. Antes da chegada de Irmã Joana Dufès, a superiora era a diretora do asilo. Irmã Joana Dufès, muito ocupada com os vários serviços da Providência Santa Maria, não pode acompanhar seu dia a dia. Imperceptivelmente, essa responsabilidade recai sobre Irmã Catarina, a mais antiga no asilo. Ela exerce esse serviço, durante muitos anos, contentando a todos. Um dia, Irmã Joana Dufès nomeia Irmã Angélica, com idade de trinta e cinco anos para substituí-la. Os idosos e as Irmãs, muito apegados à Irmã Catarina, não compreendem essa mudança e a estimulam a reagir. Para Catarina isso está fora de questão. Compreende que não é bom ficar, indefinidamente, com essa responsabilidade e se submete calmamente. Num gesto muito concreto e significativo, ela entrega imediatamente as chaves do asilo à Irmã Angélica. Esta não terá sempre uma atitude respeitosa para com Catarina, que aceitará humildemente as observações de sua jovem companheira e recusará firmemente as críticas que as outras Irmãs desejarão fazer ao comportamento da nova diretora.

A atitude de Catarina, ao longo de sua vida, mostra que a humildade não é a negação de sua personalidade. "Ela sempre suportou tudo em silêncio e com grande humildade, não por insensibilidade, mas por amor a Deus" (CLM 2.316).

As pessoas que estavam ao redor de Catarina puderam constatar muitas vezes sua luta interior para não reagir a uma crítica ou a palavras hostis. Sua humildade não é insensibilidade, ela é mais reconhecimento de suas faltas, de sua fragilidade. Catarina aprendera a controlar seu temperamento tão forte. Qualquer que seja o comportamento em relação a ela, "sua atitude, seu comportamento eram sempre muito dignos e modestos" (CLM 2.269). A humildade tornou-se para Catarina um fator de equilíbrio tanto na vida pessoal quanto na vida relacional. A humildade é a raiz da caridade.

Várias vezes em sua oração, Catarina reafirmou esta resolução:

> Seguir Nosso Senhor em sua humildade, em suas palavras, em suas ações, em sua conduta junto aos pobres, em sua vida interior e escondida, em seus sofrimentos (AC 448).

A humildade não é um fim em si mesmo, mas um meio de unir-se a Jesus. A Encarnação revela a profunda humildade de Deus que, para se fazer reconhecer pelo homem, vai ao ponto de fazer-se homem: "O Verbo se fez carne", diz João no começo de seu Evangelho.

Irmã Catarina quis e soube abrir um espaço para Deus no interior de si mesma. A humildade tornou-se uma força positiva nela, dando brilho particular às outras virtudes e profundidade a sua vida espiritual.

Décimo quinto dia

CAMINHO DE SANTIDADE

Talvez entre aquelas que conheceram Irmã Catarina, encontre-se quem se surpreenderá que favores tão extraordinários tenham sido escondidos sob uma vida tão simples e tão comum. Os contemporâneos de Nosso Senhor não se escandalizaram porque seus pais eram pobres, ele vinha de Nazaré, comia e bebia com todo mundo e conversava com os pecadores? Em todas as épocas, os homens foram levados a crer que os santos não deveriam parecer em nada conosco (CLM 269).

A difusão da Medalha Milagrosa, acompanhada do resumo da história escrito por Padre Aladel, deixava em suspenso o nome da vidente. Muitos teriam gostado de conhecê-la, de encontrá-la. Aos poucos, ela foi localizada em Paris, depois no asilo de Enghien. Mas as dúvidas sobre sua identidade persistem. Chegando nessa casa, as Irmãs se esforçam para discernir se o que ouviram é verdade.

Irmã Lúcia fica muito surpresa. Ela pensava que a vidente de Maria era uma pessoa reconhecida e apreciada, e constata: "Nós a víamos pouco e ela passava despercebida" (CLM 2.308).

Quando chega à comunidade de Enghien, Irmã Francisca é designada para ajudar Irmã Catarina no jardim e na fazenda. Ela, a parisiense, tem dificuldade em se acostumar com todos esses animais. Consola-se, pois vai poder estar próxima daquela que é considerada como sendo, talvez, a vidente da Medalha Milagrosa. Mas o que ela vê? Uma mulher um pouco rude, que recolhe os ovos dirigindo palavras cheias de ternura às galinhas, uma mulher que usa a forquilha para limpar o estábulo, que fala com a vaca enquanto cuida dela. Não, ela diz a si mesma, Irmã Catarina não é a vidente, "ela não é mística o suficiente" (CLM 2.305).

Outras esperam que aquela que foi favorecida com as aparições fale com amor e ternura da Virgem que ela contemplou. Irmã Catarina se exprime muito pouco. Ela reage somente quando o terço é rezado muito rapidamente, sem fazer atenção ao que é dito.

Irmã Ana e Irmã Maria Ana foram testemunhas de reações fortes de Irmã Catarina, sobretudo quando contrariada. Se ela realmente viu a Virgem, não deveria reagir assim!

Durante sua última doença, as Irmãs acham que Catarina se mostra gulosa. Um dia, ela pede uma maçã cozida para sua refeição, mas a cozinheira demora a levá-la. Irmã Angélica não aceita que a vidente da Virgem mostre sua impaciência (CLM 2.300). Uma outra vez, estando sozinha na enfermaria, Catarina se levantou para pegar sobre a chaminé um cacho de uva. O assombro de algumas é grande ao constatarem que aquela que viu a Virgem, que é reconhecida por muitos como santa porque foi favorecida com as aparições, não sabe mortificar-se!

A vida de Irmã Catarina contradiz a opinião da época sobre a definição de santidade. Os santos eram mais frequentemente os mártires ou os fundadores de ordens religiosas, pessoas renomadas onde viviam. Os santos tinham, com frequência, visões místicas, sua vida era marcada por uma rigorosa ascese. Então, como compreender a santidade de Catarina Labouré, que passa despercebida, que não tem arroubos místicos e tem defeitos bem visíveis?

Para Catarina Labouré, a santidade é a acolhida do amor de Deus. A vida cotidiana é o lugar de sua resposta a Deus. Ela realiza seu trabalho cotidiano com competência e o assume com muito cuidado e organização. Sabe prestar serviço àqueles que lhe pedem, mostra-se paciente e misericordiosa com todos. Ela ama em atos e em verdade. Toda a sua atitude mostra que ela leva o Evangelho a sério, o das Bem-aventuranças e o do Juízo Final, onde cada um é julgado segundo sua relação com os mais pequeninos.

A vida tão ordinária de Catarina, com serviços sem destaque, mostra que a santidade se vive, primeiro, no cotidiano. Ela pede deixar crescer em si mesmo a dimensão plena de sua humanidade, reconhecer e desenvolver os talentos recebidos. A santidade não deve ser uma tensão permanente de busca da perfeição. É mais um caminho feito de imperfeições. Catarina ousou desbravar seu caminho congestionado. Ela compreendeu que qualquer caminhada em seguimento de Cristo exige assumir seus erros, suas faltas e corrigir tudo o que destrói a relação com o outro. As faltas, os erros não devem ser fonte de desencorajamento, mas um trampolim para saltos melhores, pois fazem parte da história de amizade com Deus.

Irmã Maria e Irmã Francisca, que conviveram com Irmã Catarina durante muitos anos, dizem que a santidade não era um dom recebido em seu nascimento, mas, pelo contrário, elas testemunharam uma e outra "o progresso na prática de todas as virtudes" (CLM 2.259, 321). Deus, que oferece o dom permanente de seu amor, sabe que cada pessoa o recebe com toda a sua fragilidade, num vaso de argila.

O Concílio Vaticano II afirma que cada cristão é chamado à santidade. A essa santidade do cotidiano vivida, com grande simplicidade, por Irmã Catarina Labouré.

BIBLIOGRAFIA

Em francês

Edmond CRAPEZ, *A Venerável Catarina Labouré (1806-1876)*, Gabalda, 1917.
Albert LANQUETIN, *Catarina Labouré, a santa de Reuilly*, S.O.S., 1976.
René LAURENTIN e Philippe ROCHE, *Catarina e a Medalha Milagrosa*, Lethielleux, 1976.
René LAURENTIN, *Catarina Labouré e a Medalha Milagrosa*, v. 2 – *Processo de Catarina*, Lethielleux, 1979.
_____, *Vida Autêntica de Catarina Labouré*, Desclée de Brouwer, 1980.
Anne PRÉVOST, *Rezar na rua du Bac com Catarina Labouré*, 1994.
Marie-Geneviève ROUX e Élisabeth CHARPY, *Santa Catarina Labouré*, Signes, 2000, coleção "Nos caminhos do Evangelho".

Em português

René LAURENTIN, *Catarina Labouré: Mensageira de Nossa Senhora das Graças e da Medalha Milagrosa*, Paulinas, 2009.
Maria Geneviève ROUX e Élisabeth CHARPY, *Santa Catarina Labouré*, Signes, 2000, coleção "Nos caminhos do Evangelho".
Anne PRÉVOST, *Rezar na rua du Bac com Catarina Labouré*, 1994.
_____, *Catarina Labouré: a mensageira do céu*, Signes, 2005.

ÍNDICE

Um olhar sobre Santa Catarina Labouré 5
Apresentação 13
Abreviaturas 17

1. Caminho de Discernimento 18
2. Caminho de Missão 24
3. Caminho de Fé 29
4. Caminho de Silêncio 35
5. Caminho de Simplicidade 40
6. Caminho de Eucaristia 46
7. Caminho de Oração 52
8. Caminho de Confiança 59
9. Caminho de Liberdade 65
10. Caminho de Respeito 70
11. Caminho de Persistência 76
12. Caminho de Sabedoria 82
13. Caminho de Caridade 88
14. Caminho de Humildade 93
15. Caminho de Santidade 98
Bibliografia 103